Dave und Neta Jackson

Glaubenshelden

clv

Christliche
Literatur-Verbreitung e.V.
Postfach 11 01 35 · 33661 Bielefeld

1. Auflage 1998

© 1996 by Dave und Neta Jackson
Originaltitel: Hero Tales
© der deutschen Ausgabe 1998
by CLV · Christliche Literatur-Verbreitung e.V.
Postfach 11 01 35 · 33661 Bielefeld
Übersetzung: Gabriele Erkens, Monheim
Satz: CLV
Umschlag: Dieter Otten, Gummersbach
Druck und Bindung: Ebner, Ulm

ISBN: 3-89397-355-9

Inhaltsverzeichnis

William Tyndale

Der Mann, der die Bibel ins Englische übersetzte

William Tyndale wurde um 1490 in England geboren. Als er an der Universität zu Cambridge studierte, schrieb man ungefähr 1520. Die »lutherischen Ideen« waren damals ein heißes Eisen und viele der protestantischen Glaubensinhalte Tyndales haben ihren Ursprung vermutlich in dieser Zeit.

Nach Abschluss seines Studiums kam Tyndale ins Haus von Sir John Walsh in Gloucestershire, anscheinend als Hauslehrer für die beiden Söhne Walshs. Die Familie Walsh war bekannt dafür, Geistliche wie Adelige gleichermaßen gastfreundlich aufzunehmen und Tyndale nahm an etlichen Gesprächen über Theologie (die Lehre von Gott) teil, während er im Hause der Familie Walsh arbeitete. Er war entsetzt festzustellen, dass sogar Menschen, die in der Kirche Ämter innehatten, die Bibel kaum kannten. Für ihn stand nun fest, dass er die Bibel ins Englische übersetzen würde, damit Englisch sprechende Menschen Gottes Wort selbst lesen konnten.

Damals war es verboten, die Heilige Schrift zu übersetzen, ohne eine offizielle Erlaubnis dafür zu haben. (Die Kirchen gebrauchten die lateinische Vulgata, die von den einfachen Leuten nicht verstanden wurde.) Da von offizieller Seite keine Erlaubnis für sein Projekt gegeben wurde, verließ Tyndale England, um in Europa seine Übersetzung in Angriff zu nehmen.

Im Jahr 1526 wurde in Deutschland, in der Stadt Worms, das erste vollständige englische Neue Testament gedruckt. Anne Boleyn bekam eine Kopie und zeigte sie König Heinrich VIII. Aber Heinrich lehnte sie mit der Begründung ab, dass eine englische Bibel zu der Zeit nicht notwendig wäre. Wenn überhaupt eine Übersetzung angefertigt werden sollte, dann doch von einem respektablen Gelehrten innerhalb der Amtskirche und nicht von einem Priester, der obendrein noch aus seinem Heimatland abgehauen war.

1535 wurde Tyndale verraten, als er in Antwerpen, Belgien, bei einem freundlichen Kaufmann zu Gast war. Doch trotz Tyndales Haft beendete Miles Coverdale, ein ehemaliger Studienkollege aus Oxford, eine englische Bibelübersetzung, die in der Hauptsache auf Tyndales Arbeit basierte. Wenige Monate, nachdem William Tyndale auf dem Scheiterhaufen verbrannt worden war, drückte König Heinrich sein Siegel der Billigung auf die Bibel und bis 1539 war jeder Pfarrbezirk angewiesen, Kopien für die Gemeindemitglieder zur Verfügung zu stellen.

Weitblick
Die Herausforderung
durch den Jungen am Pflug

A ber warum müssen wir denn diese verstaubten, alten Lateinvokabeln lernen, Master Tyndale?«, beschwerte sich der kleine Junge.

William Tyndale verkniff sich ein Lächeln. »Du musst Latein lernen, damit du die Heilige Schrift lesen kannst«, entgegnete er ernst.

»Warum schreiben Sie dann nicht die Bibel in Englisch?«, murrte sein Schüler.

»Pst!«, warnte sein älterer Bruder. »Das ist gegen das Gesetz!«

»Aber der Junge hat Recht«, dachte Tyndale sich. »Jeder Mann, jede Frau, jedes Kind in England, egal ob reich oder arm, sollte die Möglichkeit haben, Gottes Wort auf Englisch zu lesen – und nicht nur in Latein zu hören, was ohnehin kaum einer versteht.« Von der Auffahrt her klangen die Geräusche eines ankommenden Pferdegespanns. Offenbar wurden zum Abendessen Gäste erwartet auf dem Gut Little Sodbury Manor.

William Tyndale war erst seit kurzem auf dem Gut. Er war als Hauslehrer für die beiden Söhne von Sir John und Lady Anne Walsh auf Little Sodbury Manor angestellt. Sir John und Lady Anne waren bekannt für ihre Gastfreundschaft und viele bekannte Persönlichkeiten aus Adels- oder Kirchenkreisen waren oft an ihrem Tisch zu Gast. Tyndale genoss diese Tafelrunden; die Gespräche über Politik oder Theologie waren immer sehr lebhaft.

An diesem Abend ergab es sich, dass die Diskussion am Tisch der Walshs noch lebhafter war als üblich. Tyndale hörte den Argumenten der Gäste aufmerksam zu.

»Ich habe gehört, dass der Papst es abgelehnt hat, die Ehe von König Heinrich und Königin Katharina aufzulösen. Armer Kerl, dann bekommt er vielleicht doch keinen männlichen Thronfolger.«

»Armer Kerl, zweifellos! Es ist nicht die Schuld der Königin, dass sie bis jetzt nur Mädchen geboren hat. Soll Heinrich die Krone doch an die Prinzessin weitergeben!«

»Unsinn. König Heinrich wird seinen Sohn bekommen – auch wenn er dafür die Katholische Kirche verlassen müsste!«

Ein Abt der Kirche, in edler Kleidung und mit einer schweren Goldkette geschmückt, wendete sich an Tyndale: »Master Tyndale«, begann er, »ich hörte, dass Sie in der Universität von Cambridge einige ›Reform-Ideen‹ kennengelernt haben. Was sagen Sie dazu?«

Alle Augen richteten sich auf den jungen Gelehrten.

»Es geht nicht darum, was ich denke«, sagte Tyndale ruhig. »Wichtig ist, was die Heilige Schrift dazu sagt. Erklären Sie uns, Abt, was die Bibel über Scheidung sagt.«

»Nun, ich … ich … das ist Sache des Papstes«, stotterte der Abt. »Der Papst sagt …«

»Wir wissen, was der Papst sagt. Was sagt die Heilige Schrift dazu?«

Der Abt lief rot an. »Ich werde mich nicht von einem Landpfarrer verhören lassen!«, donnerte er.

Tyndale war ärgerlich. »Das kommt davon, dass Sie die Bibel nicht lesen – und die Menschen können sie nicht lesen, weil wir nur lateinische Bibeln haben. Wir brauchen eine englische Bibel, die von König und einfachem Mann gleichermaßen gelesen werden kann!«

Die beiden Walsh-Jungen sahen sich mit weit aufgerissenen

Augen an. Was sagte Master Tyndale da? Wusste er nicht, dass solche Äußerungen gegen das Gesetz waren?

William Tyndale zeigte mit dem Zeigefinger auf den Abt. »Wenn Gott mich am Leben lässt, werde ich, ehe noch viel Zeit verstreicht, dem Jungen hinter dem Pflug helfen, die Bibel besser zu kennen als Sie!«

Weitblick bedeutet, nicht nur das zu sehen was ist, sondern das, was getan werden muss.

Wenn keine Offenbarung da ist, verwildert ein Volk (Spr. 29,18a).

1. Was meinst du, warum die Priester der Amtskirche nicht wollten, dass jedermann die Bibel lesen konnte?
2. Wie wollte William Tyndale dem Jungen hinter dem Pflug wohl helfen, mehr von der Bibel zu kennen als die Priester?
3. Danke Gott dafür, dass du die Bibel in deiner Sprache lesen kannst. Hast du vielleicht eine »überzählige« Bibel, die du jemandem geben könntest, der noch keine hat?

Geduld
»Verbrennt die Bücher!«

Der Erzbischof von Canterbury sah von seinem Schreibtisch auf. »Nun, was gibt es?«, fragte er seinen Sekretär.

Der Sekretär legte zwei in Leder gebundene Bücher auf den Schreibtisch. »Wir haben noch zwei Kopien von William Tyndales englischer Ausgabe des Neuen Testaments gefunden – in zwei verschiedenen Städten.«

»Was? Ich dachte, wir hätten den Buchhändlern befohlen, diese ungesetzlichen Schriften nicht zu verkaufen!«, sagte der Erzbischof.

»Aber jedermann kauft sie. Die Buchhändler machen ein gutes Geschäft«, gab der Sekretär zu.

Der Erzbischof packte eines der Bücher und öffnete es. »Sehen Sie hier! Er hat dieses Wort mit ›Reue‹ übersetzt und nicht mit ›Strafe‹. Wenn die Leute für ihre Sünden keine Strafe mehr bezahlen, wird die Kirche bald bankrott sein. Wir müssen das sofort unterbinden!«

Der Erzbischof ging hinter seinem Schreibtisch auf und ab. »Offensichtlich haben unsere Kontrollen der Handelsschiffe die Einfuhr dieser Bücher nach England nicht stoppen können … und solange die Buchhändler damit ein Geschäft machen, werden sie unter dem Ladentisch verkauft.« Plötzlich blieb der Erzbischof stehen und ein verschlagenes Lächeln erhellte sein aufgedunsenes Gesicht. »Ich hab's! Wir kaufen diese Neuen Testamente selbst – alle davon! Und dann werden wir sie vernichten. Damit kommen sie nicht in die Hände der einfachen Leute!«

Es schien ein guter Plan zu sein. Die Männer des Erzbischofs verhielten sich wie normale Kunden, besuchten die Buchhändler und kauften Exemplare von Tyndales Neuem Testament. Sie bedrohten die Buchhändler nicht, denn sie wollten so viele Exemplare wie möglich kaufen.

Als die Leute des Erzbischofs keine Kopien mehr finden konnten, befahl der Erzbischof, einen riesigen Scheiterhaufen aufzuschichten. Als die Flammen loderten, warfen die Männer alle Bücher ins Feuer.

»Jetzt haben wir diesen Tyndale überlistet!«, lachte der Erzbischof hämisch.

In Deutschland erzählte Humphrey Monmouth, einer der Seeleute, die Tyndales Übersetzungen schmuggelten, seinem Freund von dem Scheiterhaufen des Erzbischofs.

Tyndale nickte gedankenverloren. »Nun, wir haben immer noch die Druckplatten«, seufzte er. »Ich denke, wir müssen noch einmal von vorn anfangen. Aber es wird eine Zeit dauern, bis wir das Geld für eine neue Auflage zusammen haben.«

Ein breites Grinsen zog sich über Humphrey Monmouths Gesicht – und dann legte er den Kopf in den Nacken und begann schallend zu lachen. Tyndale sah ihn überrascht an. Doch dann stand ihm vor Staunen der Mund offen, als der kräftige Handelsmann einen Lederbeutel voller Münzen aus seinem Mantel zog … dann noch einen und noch einen und noch einen.

»Was ist denn das?«, rief Tyndale.

»Hahaha, hohoho«, lachte Monmouth. »Das ist dein Anteil an dem Geld, das der Erzbischof für all die Bücher bezahlt hat – genug für eine noch viel größere Auflage!«

William Tyndale lachte auch. »Niemand kann Gott aufhalten – auch kein Erzbischof!«

Geduld bedeutet das Wissen, dass Gottes Arbeit getan werden wird, ungeachtet aller Rückschläge und Hindernisse, auch wenn der Weg lang ist.

Deshalb lasst nun auch uns, da wir eine so große Wolke von Zeugen um uns haben, jede Bürde und die (uns so) leicht umstrickende Sünde ablegen und mit Ausdauer laufen den vor uns liegenden Wettkampf (Hebr. 12,1).

1. Warum ließ William Tyndale weitere englische Neue Testamente drucken, sogar nachdem der Erzbischof fast alle Exemplare der ersten Auflage verbrannt hatte?
2. Warum ging der Plan des Erzbischofs nicht auf?
3. Wenn du versuchst, für Gott etwas Gutes zu tun und es scheint nicht zu funktionieren, warum ist es dann wichtig, Geduld zu haben?

Glaube
Ein falscher Freund

Gibt es neue Nachrichten über den König?«, fragte William Tyndale seinen Gastgeber gespannt. »Hat König Heinrich mein Neues Testament gesehen?«

Thomas Poyntz, ein englischer Kaufmann, der gerade in sein Haus in Antwerpen zurückgekehrt war, schüttelte den Kopf. »Die Nachrichten sind nicht gut, mein Freund. Der König hat dein englisches Neues Testament abgelehnt. Er sagte, ›es werde nicht gebraucht‹. Und nicht nur das. Die Jagd auf dich ist nun auf ganz Europa ausgedehnt worden. Du musst sehr, sehr vorsichtig sein.«

William Tyndale nickte. »Hier bin ich ganz bestimmt sicher – dank deiner Freundlichkeit. In Antwerpen gibt es viele Ausländer. Keiner wird von mir Notiz nehmen – vor allen Dingen, weil ich die meiste Zeit in deinem Dachgeschoss sitze und an der Übersetzung des Alten Testamentes arbeite.«

Als die beiden Männer sich eine gute Nacht wünschten, fügte Tyndale noch hinzu: »Oh, fast hätte ich es vergessen. Unser junger Freund aus der Universität, Henry Phillips, kommt nächste Woche zum Mittagessen. Wirst du auch hier sein?«

Thomas Poyntz sah sehr ernst aus. »Leider nicht. Ich muss nächste Woche verreisen. Aber … ich wünschte, du würdest keinen Besuch haben, während ich weg bin. Es ist zu gefährlich.«

Tyndale klopfte seinem Freund auf den Arm. »Komm schon. Du wirst dir doch wegen des jungen Henry keine Sorgen machen. Er ist sehr freundlich. Er scheint an unseren Reform-Ideen interessiert zu sein.«

»Zu freundlich.« Poyntz war besorgt. »Für mich klingt er so blechern wie ein falscher Taler.«

In der nächsten Woche klopfte Henry Phillips an die Tür des Poyntz-Hauses. »Ist Thomas zu Hause?«, fragte der gutaussehende junge Mann, als William Tyndale die Tür öffnete.

»Nein, er ist auswärts«, antwortete Tyndale. »Aber wir können trotzdem zusammen zu Mittag essen.«

»Hör mal«, sagte Phillips, »warum gehen wir nicht in die Stadt zum Essen. Ich habe dort noch etwas zu erledigen. Das heißt, wenn du nichts dagegen hast.«

»Nicht im geringsten«, stimmte Tyndale zu. »Lass mich nur rasch Hut und Mantel holen.«

Auf dem Weg über das bucklige Kopfsteinpflaster kamen die Männer plötzlich an einen Engpass, den sie nur einer nach dem anderen durchqueren konnten. Phillips zeigte Tyndale mit höflicher Geste an, dass er den Vortritt habe. Als Tyndale am Ende der kleinen Gasse angelangt war, sah er zu seiner Überraschung zwei Soldaten, die dort warteten. Er wollte umkehren und zurücklaufen, aber da er sah Henry Phillips mit dem Finger auf ihn zeigen. »Das ist er – verhaften Sie ihn!«, schrie der junge Mann.

William Tyndale war verraten worden!

Fast anderthalb Jahre saß er im Vilvoord-Gefängnis in Antwerpen. Thomas Poyntz versuchte während dieser Zeit alles, um ihn frei zu bekommen. Aber im August 1536 wurde William Tyndale als Ketzer verurteilt. (Ein Ketzer wird jemand genannt, der etwas anderes lehrt als das, was die Kirche glaubt.) Er wurde zum Tod verurteilt und sollte gehenkt und dann auf dem Scheiterhaufen verbrannt werden.

Als seine trauernden Freunde sich im Oktober versammelten, um sein tapferes Ende zu sehen, hob Tyndale den Kopf auf zum Himmel und schrie: »Oh Gott! Öffne dem König von England die Augen!«

Es war noch kein Jahr vergangen, da erhielt Thomas Poyntz

wunderbare Nachrichten aus England. Ein Mann namens Miles Coverdale hatte die erste vollständige Bibel in englischer Sprache veröffentlicht. Diese Bibel basierte hauptsächlich auf der Übersetzung von William Tyndale und König Heinrich VIII. hatte sein Siegel des Einverständnisses dazu gegeben! Nicht nur das; im Jahr 1539 wurde jeder Pfarrbezirk Englands angewiesen, Kopien davon für die Gemeindemitglieder zu machen.

William Tyndales vertrauensvolles Gebet war erhört worden.

 **Glaube ist die Fähigkeit, unbeendete Arbeiten der Hand Gottes zu überlassen.**

 *Der Glaube aber ist eine Verwirklichung dessen, was man hofft, eine Überzeugung von Dingen, die man nicht sieht (Hebr. 11,1).*

1. Was meinte William Tyndale, als er betete: »Öffne dem König von England die Augen?«
2. Wie antwortete Gott auf das Gebet Tyndales, der starb, ehe seine Arbeit an der englischen Bibel beendet war?
3. Fühlst du dich mutlos wegen irgendeiner Sache, die du selbst nicht zu Ende bringen kannst? Bete mit deiner Familie oder Freunden ein Gebet des Glaubens, mit dem du diese Sache ganz in Gottes Hände legst.

Menno Simons
Prophet des Friedens

Menno Simons wurde im Jahre 1496 im Norden der Niederlande geboren. 1524 wurde er zum Priester der Römisch-Katholischen Kirche geweiht. Dort diente er, bis er von einigen Lehren, beispielsweise der Säuglingstaufe, mehr und mehr beunruhigt wurde.

Menno Simons glaubte, dass die Bibel für einen Christen höchste Autorität hat und wandte sich dem Neuen Testament zu. Beim Lesen kam er zu der Überzeugung, dass die Staatskirche in verschiedenen wichtigen Punkten falsche Lehren vertrat. Er verließ die Priesterschaft im Jahre 1536 und wurde von Obbe Philips getauft.

Menschen, die ihre Besprengung als Säugling mit ein paar Tropfen Wasser nicht als Taufe anerkannten und sich ein zweites Mal taufen ließen, wurden oft als Anabaptisten bezeichnet, gemeint waren die Wiedertäufer. Menno wurde bald gebeten, als Prediger und Leiter unter den Anabaptisten des nordwestlichen Europa zu arbeiten. Im Laufe der Zeit wurden seine Anhänger Mennoniten genannt.

Menno und die meisten anderen Anabaptisten waren überzeugte Pazifisten und lehnten Gewalt ab, auch wenn sie sich in Gefahr befanden. Obwohl die Anabaptisten keine revolutionären Ideen gegen das Staatswesen verbreiteten, wurde doch ihr kritischer Standpunkt gegenüber der Staatskirche als Bedrohung empfunden. Und beide, die Katholische Kirche und das Heilige Römische Reich, versuchten die Anabaptisten auszulöschen. Dies geschah manchmal auch in Deutschland, sogar von Seiten der Lutherischen Kirche, und in den umliegenden Ländern. Auch in Gebieten, in denen die Reformierte Kirche mit dem Staat verbunden war, waren die Anabaptisten nicht gut angesehen.

Zunächst war Verfolgung das Schicksal aller Reformierten, aber die Anabaptisten wurden am schlimmsten verfolgt, weil sie jede Allianz mit einem Staat strikt ablehnten. Vier- bis zwölftausend Anabaptisten wurden in Europa wegen ihres Glaubens getötet.

1543 bot der Papst demjenigen, der Menno Simons überliefern würde, einhundert Goldmünzen. Trotzdem, durch Gottes Bewahrung und die Hilfe tatkräftiger Glaubensbrüder, wurde Menno niemals gefangen. Er starb 1561 eines natürlichen Todes.

Geradlinigkeit
Ein »Gesetzloser« für den Herrn

Obwohl er ein ordinierter Priester der Römisch-Katholischen Kirche in den Niederlanden war, hatte Menno Simons niemals die Bibel gelesen. Aber manche der Lehren, die von der Staatskirche vertreten wurden, erschienen ihm falsch und so begann selbst er, die Bibel zu lesen.

Als er anfing, das, was in der Bibel stand, zu lehren, dachten auch einige seiner Zuhörer, dass die Lehren der Staatskirche falsch waren. »Wir brauchen eine neue Kirche«, sagten manche eilig, »eine wahrhaftige Kirche.«

»Nein«, meinte Menno, der das Leben als geweihter Priester durchaus genoss. »Das ist nicht notwendig. Warten wir erst einmal ab. Die Dinge können sich ändern. Wir werden unsere Gottesdienste weiter so feiern wie vorgeschrieben, auch wenn wir wissen, dass einige Gebräuche falsch sind.«

Aber andere, die auch merkten, dass die Staatskirche falsche Lehren vertrat, unternahmen etwas dagegen. Eine Gruppe in Münster war sogar willens zu kämpfen, um eine Änderung zu bewirken. »Immerhin, die *tun* etwas!«, sagten die Menschen.

Enttäuscht schlossen sich etliche von Mennos Anhängern den »Münsteriten« an, die sich in einem alten Kastell, genannt das »Alte Kloster«, aufhielten. Sie wussten, dass Regierungstruppen versuchen würden, sie zu überwältigen und bewaffneten sich daher mit Schwertern und anderen Waffen.

»Tut das nicht!«, warnte Menno. »Gewalt anzuwenden war einer der Fehler der Staatskirche. Die Bibel verbietet es. Vergesst nicht, was Jesus Christus sagte: ›Alle, die das Schwert ziehen, werden durch das Schwert umkommen.‹«

Aber die Leute, die selbst nicht die Bibel lesen konnten, glaubten Menno nicht, weil er selbst nicht seinen eigenen Lehren entsprechend lebte.

Dann, am 5. April 1535, stürmten Soldaten.das »Alte Kloster« und überwältigten jede Gegenwehr. Von den 300 Insassen wurden 130 während der Schlacht getötet und im Anschluss daran die meisten der anderen Rebellen hingerichtet.

Unter den Getöteten war auch Peter Simons, Mennos Bruder. Menno war es nicht gelungen, ihn davon abzuhalten, sich mit den Rebellen zu verbünden. »Wer bist du, dass du mir sagen kannst, was ich tun soll?«, hatte sein Bruder ihn angegriffen. »Du erzählst uns, dass die Lehren der Katholischen Kirche falsch sind, aber du unternimmst überhaupt nichts dagegen. Du bleibst in der Kirche und erfreust dich an deinem Priestergehalt.«

In den folgenden Tagen war Menno voller Trauer. »Sie haben einen Fehler gemacht«, sagte er, »aber immerhin hatten sie den Mut, das, was sie glaubten, auch zu leben. Ich dagegen habe mich um nichts anderes gekümmert als um meine Bequemlichkeit und meinen Ruf bei den Leuten. Und was ist nun geschehen! Diese Menschen waren wie eine Herde Schafe ohne Hirten und ich lehnte aus eigensüchtigen Gründen ab, ihr Hirte zu werden. Mag sein, dass ihr Handeln falsch war, aber ihr Tod ist meine Schuld.«

Er fiel auf die Knie und betete: »Herr, gib mir ein reines Herz und vergib mir die Suche nach einem leichten Leben. Gib mir den Mut, Dir kühn zu folgen, egal was es kostet.«

Im Januar 1536 gab er sein Priesteramt auf und wurde bald darauf von Obbe Philips getauft. Für den Rest seines Lebens war er nun ein »Gesetzloser« für den Staat, aber er war treu für Gott.

Geradlinigkeit bedeutet ein Leben getreu dem, wovon du überzeugt bist.

Er sprach aber zu allen: Wenn jemand mir nachkommen will, verleugne er sich selbst und nehme sein Kreuz auf täglich und folge mir nach! Denn wer sein Leben retten will, wird es verlieren; wer aber sein Leben verliert um meinetwillen, der wird es retten (Lk 9,23 + 24).

1. Was geschah, als Menno Simons begann, selbst in der Bibel zu lesen?
2. Warum haben die Menschen nicht auf Menno gehört, als er sie davor warnte, »Waffen zu gebrauchen«?
3. Sicherheit und Bequemlichkeit sind im Leben nicht das Wichtigste. Gab es für dich Situationen, in denen du dich entscheiden musstest zwischen der Möglichkeit, das Richtige zu tun oder das Angenehme zu wählen?

Treue

100 Goldmünzen Belohnung

Die Bürgermeister der Städte und einige andere Staatsbeamte waren sehr beunruhigt. Waren sie doch offensichtlich nicht in der Lage, diese Untergrundbewegung der Anabaptisten an der Ausbreitung zu hindern. In einem Brief der Stadt Leeuwarden lautete die Beschwerde an den Kaiser des Heiligen Römischen Reiches, Karl V.: »Wir könnten diese Anabaptistenbewegung schon ausgerottet haben, wenn es da nicht diesen ehemaligen Priester namens Menno Simons gäbe, der einer der Führer in dieser Gegend ist. Er reist umher und die Leute laufen ihm in Scharen nach.«

Die Staatsoberen nahmen viele Anabaptisten gefangen und folterten sie, um diese neue Kirche zu zerstören. Wenn die Gefangenen mit der Obrigkeit zusammenarbeiteten, indem sie ihren Glauben widerriefen oder abschworen und auch noch die Namen anderer Anabaptisten preisgaben, durften sie einen »gnädigen« Tod sterben. Dies bedeutete schnelles Sterben durch Enthauptung. Waren sie nicht zur Zusammenarbeit bereit und wollten sie ihren Glauben nicht widerrufen, starben sie langsam und qualvoll auf dem Scheiterhaufen. Aber trotz aller staatlichen Grausamkeit hörte die neue Kirche nicht auf zu wachsen.

»Es funktioniert nicht«, beschwerte sich der Kaiser bei seinen Beamten. »Wir müssen diesen Menno Simons fangen. Jedesmal, wenn Sie einen Anabaptisten zu fassen bekommen, konzentrieren Sie sich ganz auf eine Frage: Wo hält Menno Simons sich versteckt!«

Die Beamten versuchten ihr möglichstes. Nach langer qualvoller Folter gab Tjard Reynders zu, dass Menno Simons einmal bei ihm gewohnt habe und dass er sogar von ihm getauft worden sei. Seinen Glauben wollte er jedoch nicht widerrufen. Ein anderer, Sjouck Hayes aus Leeuwarden, gab endlich zu, dass er Menno Simons auf einem Feld außerhalb von Leeuwarden habe predigen hören.

Doch damit war die Regierung keinen Schritt näher an einer Festnahme von Menno Simons. »Wir fangen die ganze Sache falsch an«, sagte der Kaiser. »Warum sollten die Leute uns helfen, wenn wir sie sowieso töten, sobald sie zugegeben haben, dass sie Anabaptisten sind? Wir brauchen jemanden, der sich bestechen lässt. Bieten wir jedem, der uns hilft, die Freiheit an. Oder noch besser, wir bieten hundert Goldstücke und die Freiheit. Wenn für den, der uns hilft, keine Gefahr besteht, sollten wir doch jemanden finden, der uns sagt, wo sich Menno Simons versteckt hält.«

Der Kaiser sandte diese Meldung an alle Städte und Gebiete, in denen Menno Simons sich aufzuhalten und zu predigen pflegte. Laut wurde der Steckbrief auf allen Marktplätzen verlesen.

Diese neuen Bemühungen von seiten des Staates machten Menno das Leben sehr schwer. Er war nur noch auf der Flucht. Einmal schrieb er: »In all diesen Ländern, durch die ich komme, kann ich nirgendwo eine Hütte finden, in der meine arme Frau und unsere kleinen Kinder lange sicher wären. Früher oder später müssen wir packen und sind wieder auf der Flucht.«

Er reiste oft allein in der Nacht und schlich sich in eine Stadt hinein, predigte dort ein- oder zweimal und war schon wieder weg, ehe die Obrigkeit erfuhr, dass er da gewesen war.

Während der folgenden Jahre wurden viele Menschen von Menno getauft und die neue Kirche wuchs schnell. Staatsbeamte nahmen viele der neuen Christen gefangen, folterten sie und brachten sie um – aber keiner verriet den reisenden Prediger mit Namen Menno Simons.

Treue bedeutet, zu deinen Freunden zu stehen, egal was passiert.

Die meisten Menschen rufen ihre eigene Frömmigkeit aus; aber einen zuverlässigen Mann, wer findet (ihn)? (Spr. 20,6).

1. Warum musste Menno Simons' Familie so oft weiterziehen?
2. Mit welchen Mitteln wollte der Kaiser Menno schließlich aufspüren? Warum funktionierte das nicht?
3. In der Bibel bedeutet »Vertrauen beweisen« oft dasselbe wie treu zu sein. Gott möchte, dass wir vertrauensvoll oder treu Ihm gegenüber sind. Wie enttäuschen die Menschen Ihn oft?

Aufopfernde Liebe
Das Schiff im Eis

Menno Simons und sein Sohn Jan gingen im eisigen Winter durch die Docks des Hafens von Wismar. »Sieh mal«, sagte Jan, »da ist ein Licht im Hafen. Kein Schiff würde jetzt segeln oder Vater?«

»Ich denke nicht«, antwortete Menno Simons. Es war Dezember im Jahr 1553 und das kälteste Wetter, das er je in Norddeutschland erlebt hatte. »Seit einer Woche ist von Wismar kein Schiff ausgelaufen.«

»Vielleicht versucht ein Schiff in den Hafen zu kommen.«

»Wenn das so wäre, bräuchte es die Stadtwache, um die Mannschaft zu retten, jetzt bei diesem Wetter«, sagte der Prediger.

»Na ja, ich würde da schon gern mithelfen!«, grinste Jan.

Simons schüttelte seinen Kopf. »Möglich, dass es aufregend wäre, aber es ist mit Sicherheit auch gefährlich. Wir werden sehen, was morgen Früh geschieht.«

Am nächsten Morgen, als Vater und Sohn noch einmal denselben Weg entlanggingen, hatte noch niemand die Menschen aus dem festgefrorenen Schiff gerettet. Nachdem sie ein paar Fragen gestellt hatten, entdeckten sie auch, warum.

»Das sind John Laskis Leute da draußen«, grollte ein Stadtbeamter, der zwischen anderen Zuschauern auf dem vereisten Dock stand. »Die gehören zur Reformierten Kirche und Deutschland ist jetzt lutherisch. Kaiser Karl V. hat sie vor sieben Jahren nach England gejagt. Ha! Und jetzt hat Königin Maria entschieden, dass England wieder katholisch werden soll, also wollen sie zurückkehren. Aber wir Lutherischen wollen sie nicht haben! Wir haben schon jetzt zu viel Ärger mit den Mennoniten.«

Menno Simons Gesicht verzog sich voller Grimm. Er packte seinen Sohn am Arm und eilte mit ihm die Straße hinunter.

Innerhalb einer Stunde waren etliche der leitenden Männer aus der Untergrundbewegung der Anabaptisten in Mennos Wohnung versammelt. Jan und seine Schwestern hörten, was gesprochen wurde.

»Warum sollten wir etwas unternehmen?«, fragte ein Mann. »Was haben wir damit zu tun, dass sie auf dem Schiff festsitzen? Menno, vergiss nicht, dass John Laski dich aus Ostfriesland verjagt hat. Er hat Leute von uns dort umgebracht und misshandelt: Und das, nachdem er so getan hatte, als würde er dich gut behandeln!«

»Aber jetzt brauchen sie Hilfe«, sagte Gertrude, Mennos Frau. »Wenn die Stadtwache ihnen nicht hilft, müssen wir es tun.«

»Wenn wir dorthin gehen, wird das bald jeder in der Stadt wissen und das wird uns in große Schwierigkeiten bringen!«, widersprach ein anderer. »Außerdem ist es äußerst gefährlich da draußen auf dem Eis. Und wir haben weder die Ausbildung noch die Ausrüstung.«

»Es sind Kinder auf dem Schiff«, wandte Menno ein. »Wir sind verpflichtet, ihnen zu helfen. Ich weiß, dass Laskis eigene Kinder dabei sein können.«

»Ein Grund mehr, sie da draußen zu lassen«, murmelte eine wütende Stimme. »Egal ob Römisch-Katholische, Reformierte oder Lutheraner – alle sind gegen uns. Warum sollten wir ihnen helfen?«

»Brüder und Schwestern«, beharrte Menno eindringlich, »was würde Jesus Christus tun?« Sofortiges Schweigen aller Proteste war die Folge. Wenige Minuten später waren alle bereit, Lebensmittel zum Schiff zu bringen und den Gestrandeten Schutz anzubieten.

Die Flüchtlinge der Reformierten Kirche wurden gerettet und schienen dankbar zu sein. Aber in der Hoffnung, sich den Lutheranern anschließen zu können, gaben einige Flüchtlinge den Stadtvätern eine Liste der Mennoniten, die ihnen geholfen hatten. Weniger als ein Jahr später waren alle Mennoniten aus der Stadt verjagt.

 **Aufopfernde Liebe bedeutet, manchmal Böses mit Gutem zu vergelten.**

 *Aber euch, die ihr hört, sage ich: Liebt eure Feinde, tut wohl denen, die euch hassen; segnet, die euch fluchen; betet für die, die euch beleidigen! (Lk. 6,27+28).*

1. Warum kamen die Mitglieder der Reformierten Kirche zurück in die Niederlande?
2. Warum wollten die Stadtväter Wismars nicht, dass sie in ihrer Stadt an Land gingen?
3. Manchmal, wenn man jemanden etwas Gutes tut, erntet man dafür Undank. Erzähle, wann dir so etwas geschah. Wie hast du dich gefühlt? Was meinst du, möchte der Herr Jesus in Zukunft von dir?

John Bunyan

Der Pilger auf der Reise zum Himmel

Im Jahre 1628 wurde John Bunyan in einem kleinen Dorf im Süden Englands geboren. Er war der Sohn eines Kesselflickers. So nannte man Leute, die Töpfe und Pfannen reparieren, Messer schleifen und andere kleine Metallarbeiten erledigen konnten. Das war auch Johns Beruf, doch außerdem begann er noch zu predigen.

Als John jung war, wurde England vom Bürgerkrieg zerrissen. König Charles I. wurde ermordet und seinen Sohn, Charles II., jagte man aus dem Land. Oliver Cromwell übernahm die Regierungsgeschäfte. Er regierte gut, aber als er gestorben war, brachte man Charles II. zurück und machte ihn zum König.

Während die Könige an der Macht waren, hatte die amtliche Kirche von England die Kontrolle über jede Art religiösen Lebens und unterstützte den jeweiligen König. Während Oliver Cromwell die Staatsgeschäfte verwaltete, war das jedoch anders. Er unterstützte die freien Kirchen – die Puritaner, Baptisten, Presbyterianer und die Quäker. Als Charles II. zurück an die Macht kam, wollte er all diese freien Kirchen loswerden. Er fürchtete, sie könnten ihm gegenüber nicht loyal sein.

Genau in diesen freien Kirchen predigte John Bunyan. Als er aufgefordert wurde, nicht mehr zu predigen, weigerte er sich, dem Gesetz des Königs zu gehorchen. Er sagte, er müsse Gott mehr gehorchen.

1658 verstarb John Bunyans erste Frau und ließ John mit vier kleinen Kindern zurück. In diesem Jahr starb auch Oliver Crom-well. John fühlte sich sehr einsam und benötigte Hilfe, seine kleinen Kinder zu versorgen. Mary, die Älteste, war erst acht Jahre alt und blind. Es dauerte nicht lange, bis John wieder heiratete. Elizabeth, seine zweite Frau, wurde eine liebevolle Ehefrau und Mutter und gebar noch zwei weitere Kinder.

Das Gefängnis, in das man John Bunyan 1661 schickte, war vom Haus der Bunyans nicht weit entfernt. Man musste dort-hin nur die Straße hinunter gehen. Jeden Tag brachte ihm Mary, seine blinde Tochter, einen Topf mit Suppe.

Bunyan war fast zwölf Jahre im Gefängnis, aber er nutzte diese Zeit. Er schrieb viele Artikel und Bücher. Das am meisten bekannte Buch von ihm ist *Die Pilgerreise*, eine Geschichte, die von einem jungen Mann erzählt, der auf der Reise zum Him-mel ist. 1672 wurde John aus dem Gefängnis entlassen und nahm sein Leben als Prediger wieder auf.

Er starb 1688 in London an einer Lungenentzündung. Die Krankheit hatte er sich wahrscheinlich bei einem scharfen Ritt durch eiskalten Platzregen geholt, als er einen Streit zwischen einem Vater und dessen Sohn schlichten wollte.

Mut
Die Möglichkeit zur Flucht ausschlagen

John Bunyan klappte seinen Mantelkragen hoch, um sich vor dem scharfen Herbstwind zu schützen. Er stieg gerade den Hügel zu einem wohlbekannten Gutshof nicht weit von Harlington hinauf. Diesen dreizehn Meilen langen Marsch von seinem Haus in Bedford unternahm er gern, um diese glaubensfrohen Christen zu treffen, die sich dort oft unter den Bäumen einfanden, um seine Predigt zu hören.

An diesem zwölften November war es allerdings zu kalt, um sich im Freien zu treffen und so waren alle im warmen Gutshaus versammelt.

John ging hinein und lächelte sie alle fröhlich an, aber seine alten Freunde grüßten ihn nicht mit der sonst üblichen Herzlichkeit. Im Gegenteil, man wandte sich ab und tuschelte miteinander.

Schließlich nahm einer der Farmer Bunyan beiseite und sagte: »John, wir haben gehört, dass es einen Haftbefehl gegen dich gibt. Aber all diese einfachen Menschen mögen dich und so ist unser Polizist nicht eben scharf darauf, dich zu verhaften. Um genau zu sein, erzählte er mir, dass er erst in einer Stunde hier sein würde. Du hast also genug Zeit, um dich aus dem Staub zu machen.«

»Aus dem Staub machen?«, erwiderte Bunyan. »Warum sollte ich das tun? Ich habe nichts Unrechtes getan. Wir planen hier auch keine Revolution.« Dann erhob Bunyan seine Stimme, so dass alle im Raum ihn gut hören konnten. »Meine Lieben, lasst den Kopf nicht hängen. Wir brauchen uns nicht zu schämen, weil wir uns hier treffen, um Gottesdienst zu halten. Und was mich angeht: Gottes Wort zu predigen, ist eine gute Arbeit. Eines Tages werde ich dafür belohnt werden, warum sollte es mir also etwas ausmachen, jetzt ein wenig zu leiden?«

Ein paar Minuten blieben noch bis zum offiziellen Beginn des Treffens. Bunyan ging nach draußen, um zu beten, während er in der Abendsonne unter den hohen Ulmen entlangschlenderte. Er hatte gewusst, dass dieser Tag einmal kommen würde. Vor nicht allzu langer Zeit hatte das britische Parlament ein Gesetz verabschiedet, das nur ordentlichen Pfarrern der Landeskirche das Predigen erlaubte. John war kein Mitglied der offiziellen Kirche von England und daher wusste er, dass er eines Tages verhaftete werden würde, wenn er nicht aufhörte zu predigen. Heute konnte dieser Tag sein. Er konnte davonlaufen, aber wenn er das aus Angst tat, was würde aus den neuen Gläubigen? Sie würden die Hoffnung aufgeben – und ihr Vertrauen. Nein! Er würde weitermachen.

Im Haus waren nun alle vollzählig erschienen und warteten auf den Gottesdienst. John fing an.

Wenige Minuten später schlüpften noch zwei weitere Personen ins Zimmer und blieben hinten stehen. Es waren der Ortspolizist und sein Mitarbeiter. Sie beobachteten die Vorgänge und sahen, dass diese Menschen keine Waffen trugen. Sie schimpften nicht auf die Regierung und planten auch keine Revolution. Der Polizist erkannte keinen Grund, warum er diesen Kesselflicker verhaften sollte, nur weil er predigte. Andererseits hatte er seine Befehle und so ging er nach vorn und tat seine Arbeit. Die Leute waren sehr beunruhigt, als Bunyan verhaftet wurde.

»Macht euch keine Sorgen, Leute«, sagte Bunyan. »Wir wollen Gott danken, dass wir nicht verhaftet werden, weil wir etwas verbrochen haben. Im Gegenteil, wir leiden als Christen, weil wir das Richtige tun. Es ist besser, selbst zu leiden, als anderen Leid zuzufügen.«

Dann nahm der Polizist Bunyan mit zum Gefängnis, wo er die nächsten zwölf Jahre verbrachte.

Du brauchst Mut, um das Richtige zu tun, auch wenn du dafür leiden musst.

Wachst, steht fest im Glauben; seid mannhaft und stark! (1. Kor. 16,13).

1. Warum nutzte John Bunyan die Möglichkeit zur Flucht nicht, als er sie hatte?
2. Was wäre möglicherweise aus denen geworden, die noch jung und schwach im Glauben waren, wenn Bunyan geflohen wäre?
3. Warum ist Mut für uns heute so wichtig? Überlege, wann du vielleicht Mut brauchen wirst.

Vertrauen

Mary in Jesu Hand zurücklassen

Sie können jederzeit herauskommen«, sagte Paul Cobb zu John Bunyan. Die beiden saßen in Bunyans Gefängniszelle in seiner Heimatstadt Bedford. Paul Cobb war eine Art Schlichter, der John Bunyan zum Einlenken bewegen sollte. »Sie müssen gar nichts weiter tun, als nur versprechen, dass Sie nicht mehr predigen werden. Wir wissen, dass Sie kein Revolutionär sind, aber der König ist … nun, er möchte kein Risiko eingehen.«

John stand auf, ging bis zur Tür seiner Zelle und schaute durch die Stäbe nach draußen. Er hatte niemals vermutet, dass er länger als ein paar Tage hinter Gittern sein müsste. Aber aus den Tagen wurden Wochen und aus den Wochen Monate. Wieviel schlimmer konnte es noch werden?

In letzter Zeit hatte er immer schlechter schlafen können, weil Alpträume ihn plagten. In seinen Träumen sah er die Galgen vor der Stadt, an denen manchmal Verbrecher aufgehängt wurden. Er stellte sich vor, wie sein Körper dort hing, im Regen baumelnd. Solche Alpträume waren entsetzlich, er wachte oft schweißgebadet auf und betete um den Mut, an seinem Vertrauen auf Gott festzuhalten.

Langsam gab Gott ihm diesen Mut und die Alpträume hörten auf. Er sorgte sich nicht länger um sein eigenes Leben. »Nein«, antwortete Bunyan dem wartenden Paul Cobb. »Ich kann ein solches Versprechen nicht geben. Die Heilige Schrift lehrt uns, dass wir Gott mehr gehorchen müssen als den Menschen und Gott hat uns die klare Anweisung gegeben, das Evangelium zu predigen. Ich könnte niemals versprechen, damit aufzuhören, nicht einmal, um aus diesem dunklen Loch herauszukommen.«

Als Cobb gegangen war, kam noch ein Besucher zu Bunyan. Es war seine älteste Tochter Mary. Sie kam fast jeden Tag, um ihrem Vater einen Topf Suppe zu bringen und ihre Besuche erfüllten ihn jedesmal mit großer Freude. Aber in der letzten Zeit hatte er sich Sorgen um das Mädchen gemacht. Sie war ungefähr elf Jahre alt und seit ihrer Geburt blind. Und dennoch hatte sie gelernt, voller Mut durch die Straßen von Bedford zu gehen. Jetzt hatte sie keine Schwierigkeit mehr, den Topf mit Suppe vom Haus der Bunyans ein paar Blocks weiter zu ihrem Vater ins Gefängnis zu bringen.

»Was wird aus ihr werden?«, sorgte sich Bunyan. »Sie braucht besondere Hilfen und Schutz.« Er dachte an die gemeinen Kinder im Dorf, die sich einen Spaß daraus machen würden, sie wegen ihrer Blindheit zu verspotten und sie irrezuführen. Er sorgte sich um ihre Zukunft. Wie konnte sie ihr Leben als Erwachsene allein bewältigen? »Was ist, wenn sie betteln muss, um Essen zu haben oder wenn sie geschlagen wird oder irgendwo im Kalten haust? Wer wird für sie sorgen, wenn ich im Gefängnis bin oder wenn ich sterbe?«

Er liebte sie so sehr, dass er Mühe hatte, die Tränen zurückzuhalten, bis sie gegangen war. »Ach Herr, ich sorge mich nicht um mich«, rief er Gott an und fiel auf dem Steinboden auf die Knie. »Was soll ich nur für meine Familie tun? Soll ich das riskieren, dass ihr Leben noch schwerer wird? Was wird aus meiner blinden Tochter? Es scheint zu viel.«

Dann erschien vor seinem Inneren das Bild von Jesus Christus, der die kleinen Kinder auf seine Knie setzt und sagt: »Lasst die Kinder und wehrt ihnen nicht, zu mir zu kommen! Denn solcher ist das Reich der Himmel« (Matt. 19,14).

Endlich kehrte Frieden in sein Herz ein. Er würde darauf vertrauen, dass sich der Herr Jesus um seine liebe Mary kümmerte, auch wenn er selbst es nicht mehr konnte. Und der Herr bewahrte Mary all die Jahre hindurch, die John im Gefängnis saß.

 **Vertrauen in den Herrn Jesus bedeutet sicher sein, dass Er alle seine Versprechungen halten wird.**

 *Euer Herz werde nicht bestürzt. Ihr glaubt an Gott, glaubt auch an mich! (Joh. 14,1).*

1. Warum wollte John Bunyan nicht versprechen, mit dem Predigen aufzuhören?
2. Solange Bunyan im Gefängnis war, konnte er seine blinde Tochter und seine Familie nicht beschützen und für sie sorgen. Worum sorgte er sich? Was tat er?
3. Was sollten wir tun, wenn wir uns um etwas, wofür wir verantwortlich sind, nicht mehr kümmern können?

Einfallsreichtum
Der Gefängnisprediger

Im Gefängnis gab es nicht allzu viele Pfannen und Töpfe zu reparieren für einen Kesselflicker wie John Bunyan. Und der Gefängnisaufseher wollte natürlich einem Gefangenen nicht erlauben, Messer zu schleifen oder gar anzufertigen. Was also sollte ein Kesselflicker wie John Bunyan mit seiner Zeit anfangen?

»Wissen Sie, es gibt einen ziemlich großen Bedarf an Kordeln bei den Schneidern«, erzählte ein Besucher Bunyan eines Tages. »All die feinen Schneider-Ateliers in London brauchen sie. Wenn sie mir einige gute, haltbare Kordeln anfertigen würden, könnte ich die für Sie verkaufen. Es würde nicht allzu viel einbringen, aber es könnte helfen, Ihre Familie zu unterstützen.«

John war begeistert. Er war sehr geschickt in seinem Handwerk. Endlich gab es etwas zu tun, das seine Geschicklichkeit forderte.

Er bekam eine Werkbank und stellte sie in eine Ecke des Gemeinschaftsraumes. Dann bat er den Direktor um die Erlaubnis, etwas dünne Kordel und kleine Messingstücke zu bestellen. Er schnitt die Kordel in die richtige Länge und drückte an jedem Ende mit einer Zange jeweils ein Messingstückchen fest, damit das Ende sich nicht auflösen konnte.

Wieder und wieder tat er dieselben Handgriffe, bis er Berge von Kordeln hatte. Diese bündelte er und verkaufte sie für ein paar Pfennige, die seine Familie bekam. Diese Arbeit gab ihm die Möglichkeit, seine Fingerfertigkeit sogar im Gefängnis zu gebrauchen.

Aber was war mit seiner Gabe zu predigen?

Manchmal predigte er vor den anderen Gefangenen und manchmal stand er an seinem Gitterfenster und predigte den Menschen auf der Straße. Aber Gott hatte ihn aufgerufen, das Evangelium allen Menschen weiterzusagen. Er musste sich etwas Besseres ausdenken.

Der Apostel Paulus hatte im Gefängnis Briefe und Bücher geschrieben – warum sollte er das nicht auch können? Nun begann John Bunyan Predigten niederzuschreiben und sandte sie nach draußen, um sie drucken zu lassen. In einer der ersten erklärte er, warum er im Gefängnis war. In einer anderen erzählte er vom Himmel und in wieder einer anderen schrieb er über die Hölle. Während er schrieb, hatte er die Idee zu einer Geschichte, die jung und alt gleichermaßen interessieren würde. Vielleicht hat er seine Geschichten sozusagen als Test zuerst seinen Kindern erzählt, wenn sie ihn besuchten. *Die Pilgerreise*, wie seine bekannteste Erzählung genannt wurde, war nach der Bibel das am meisten gelesene Buch. Menschen im ganzen englischen Sprachraum lasen es und auch heute noch findet es begeisterte Leser.

Bunyans Geschichte erzählt davon, wie ein Mensch Christ wird, von den Kämpfen, den Zweifeln, den Ängsten und anderen Problemen, die durchzustehen sind, sowie von der Belohnung im Himmel. Aber Bunyan handelte diese Themen nicht ab wie in einer Predigt. Er probierte etwas Neues aus. Er stellte sich vor, dass dies die Fahrt eines jungen Reisenden durch ein gefährliches Land war. Der junge Reisende musste Drachen bezwingen, vor Riesen fliehen und aus Sümpfen flüchten. Auf seinem Weg machte er Bekanntschaft mit verlässlichen Gefährten und mit feigen Betrügern, aber er wurde immer bewahrt, wenn er auf die Waffenrüstung Gottes vertraute. Die spannende Reise endet, als der Pilger endlich die himmlische Stadt erreicht. Die abenteuerliche Geschichte erfreut sich noch heute großer Beliebtheit.

Als er den Einfallsreichtum, den Gott ihm geschenkt hatte, gebrauchte, machte John Bunyan seine Zeit im Gefängnis zu einer nutzbringenden Zeit. Er war nicht nur in der Lage, seine Familie zu unterstützen, sondern er verrichtete so auch den Dienst, den Gott ihm gegeben hatte: Er predigte das Evangelium!

 **Einfallsreichtum bedeutet, die Fähigkeiten, die Gott uns geschenkt hat, so zu gebrauchen, dass wir den Dienst, den Er uns aufträgt, auch tun.**

 *Ich bin allen alles geworden, damit ich auf alle Weise einige errette (1. Kor. 9,22b).*

1. Warum fertigte John Bunyan im Gefängnis Kordeln an? Warum begann er, Bücher zu schreiben?
2. In welcher Weise gebrauchte John seine von Gott gegebenen Fähigkeiten beim Fertigen von Kordeln und Bücherschreiben?
3. Nenne zwei Dinge, die du gut kannst. Kannst du dir eine neue, phantasievolle Weise vorstellen, wie du diese Fähigkeiten einmal für Gott einsetzen könntest? Erzähle, was du überlegt hast.

John Wesley
Der Begründer des Methodismus

John Wesley war das fünfzehnte Kind von Samuel und Susanna Wesley und wurde im Jahre 1703 in Epworth in England geboren. Charles, ein Bruder von John, war zwei Jahre jünger. Diese beiden veränderten die Welt auf eine Weise, die noch heute zu spüren ist.

An der Universität von Oxford sammelte sich um John und Charles eine Gruppe von Studenten, die mit ihnen gemeinsam die Bibel studieren und Gottesdienste feiern wollten. Sie waren sehr sorgfältig, was ihre »religiösen Pflichten« anging. Die jungen Männer besuchten außerdem Strafgefangene und bezahlten deren Schulden, um ihre Freilassung zu erwirken. »Der Heilige Club«, wie die Gruppe spöttisch von den anderen Studenten genannt wurde, war der Anfang einer Bewegung, die später unter dem Namen Methodismus bekannt wurde.

Als ordinierter Pfarrer reiste John von Dorf zu Dorf und predigte seine hohen Anforderungen Menschen, von denen er glaubte, sie seien bereits Christen. 1735 dachte John, seine Bestimmung sei es, den Indianern Nordamerikas das Evangelium zu predigen. Charles reiste mit ihm. Nach drei Jahren kehrten die beiden nach England zurück. Sie spürten, dass die Reise nach Amerika ein Fehlschlag gewesen war.

John kämpfte mit dem Problem, dass seine strenge religiöse Lebensweise ihm nicht die Gewissheit der Erlösung geben konnte, die er so dringend suchte. Am 24. Mai 1738 besuchte er

einen Vortrag, bei dem jemand Luthers »Vorwort zum Römer-
brief« vorlas, in dem die Veränderung beschrieben wird, die
Gott im Herzen eines Menschen durch den Glauben an Chris-
tus bewirkt. Während er zuhörte, wurde John das Herz warm:
»Ich fühlte, dass ich Christus vertraute, ihm allein zu meiner
Erlösung.«

Von diesem Zeitpunkt an reiste John Wesley kreuz und quer
durch England, Schottland und Wales und verkündete ein
Evangelium des Glaubens. Er gründete viele methodistische
Gemeinschaften, um die Christen zu ermutigen. Sein Bruder
Charles schrieb Hunderte von Liedern, was zum Spitznamen
der Methodisten beitrug: »Die singende Religion.«

Die Wesleys hatten nie vor, eine neue Kirche zu gründen,
aber sie wurden davon abgehalten, in den offiziellen Staatskir-
chen zu predigen. Also predigten sie überall und zu jedermann.
Wenn jemand wissen wollte, in welcher Gemeinde er predige,
pflegte John zu antworten: »Die Welt ist meine Kanzel.« Und
so war es auch bis zu seinem Tod im Alter von achtundachtzig
Jahren im Jahre 1791.

Disziplin
»Der Heilige Club«

John Wesley war entmutigt. Er war an der Universität von Oxford als Pfarrer ordiniert worden und predigte nun schon seit zwei Jahren in dem kleinen Dorf Wroote. Warum schienen alle Leute das Christentum so langweilig zu finden? Sie waren doch alle Christen oder nicht? Jedenfalls kamen sie jeden Sonntag in die Kirche. Aber er hatte das Gefühl, gegen eine Wand zu predigen.

John war froh, als er nach Oxford zurückgerufen wurde, um dort zu lehren. Vielleicht war er ja doch kein begnadeter Gemeindepfarrer. Außerdem würde es schön sein, Charles zu sehen, seinen jüngeren Bruder, der immer noch in Oxford studierte.

»John«, sagte Charles bei seiner Rückkehr, »da gibt es einige Leute, die du kennen lernen solltest. Wir treffen uns seit einiger Zeit sonntagabends, um in der Bibel zu lesen und zu beten.«

Neugierig geworden, begleitete John seinen Bruder zum nächsten Treffen. Die kleine Gruppe diskutierte gerade die »geistlichen Übungen«, die nach ihrer Einschätzung wichtig waren, um ein gottgeweihtes Leben zu führen: um 4.00 Uhr morgens aufstehen zum persönlichen Bibelstudium und Gebet, Gruppentreffen zum gemeinsamen Bibelstudium und Austausch, Teilnahme am Abendmahl jede Woche, regelmäßiges Fasten und andere Vorschriften. Außerdem stimmten alle Gruppenmitglieder darin überein, dass der Dienst am Nächsten eine religiöse Pflicht war. Sie entschieden, für sich selbst nur sehr wenig Geld auszugeben. Der Rest sollte zur Begleichung der Schuld von Strafgefangenen und zum Kauf von Lebensmitteln und Kleidung für Arme verwendet werden.

»Das ist genau die Art von Gruppe, die mir gefällt!«, dachte John. Er war in einem christlichen, aber sehr armen Elternhaus groß geworden. Daher war er es gewöhnt, seinen Tagesablauf rund um das Bibellesen und Beten zu planen. Materiellen Luxus kannte er auch nicht. Eigentlich war er sicher, dass einfache Kost aus Brot, Gemüse und Wasser den Körper am besten gesund erhielt. Da er einige Jahre älter als die anderen und auch schon als Pfarrer ordiniert war, wurde er bald als Führer der Gruppe anerkannt.

Einige der anderen Studenten in Oxford lachten. »Ein Haufen von Bibel-Fanatikern!«, spotteten sie. »Reden immer nur über die Bibel!«

»Eine Gruppe von *Methodisten* meinst du«, sagte ein anderer. »Sie haben eine Methode zu studieren, eine Methode zu essen, eine Methode für Religion, eine Methode für Mildtätigkeit ... was kommt als nächstes?«

»Das ist ›Der Heilige Club‹«, witzelte ein anderer. Und der Name war da.

Einige der Professoren und Angestellten der Universität waren der Auffassung, dass »der Heilige Club« sich ein wenig *zu* sehr für die Religion begeisterte. Sie überlegten, wie man das Ganze stoppen könnte. Aber John und Charles Wesley, George Whitefield und die anderen waren nicht zu stoppen.

Jahre später sollte John Wesley erkennen, dass die geistlichen Übungen, die ihm so wichtig schienen, *für sich allein* nicht der Weg zur Erlösung waren. Nur das Ja zum Geschenk der Erlösung von den Sünden durch den Tod Jesu Christi am Kreuz konnte das bewirken. Aber hier im »Heiligen Club« begann die Bewegung, die später unter dem Namen Methodismus bekannt wurde.

 **Disziplin ist die Fähigkeit, nach bestimmten Regeln und innerhalb gesetzter Grenzen zu leben, um körperlich, geistig oder geistlich zu wachsen.**

 *Niemand verachte deine Jugend, vielmehr sei ein Vorbild der Gläubigen im Wort, im Wandel, in Liebe, im Glauben, in Keuschheit! Bis ich komme, achte auf das Vorlesen, auf das Ermahnen, auf das Lehren! (1. Tim. 4,12).*

1. Was waren einige der geistlichen »Übungen«, die dem »Heiligen Club« so wichtig waren?
2. Warum meinst du, wollten die Leiter der Universität die Aktivitäten der Gruppe unterbinden?
3. Welche geistlichen Grundsätze oder Werte könnten in deinem Leben oder dem deiner Familie eine Hilfe sein? Warum?

Kühnheit
Faule Eier und kühne Worte

John Wesley wich geschickt einem faulen Ei aus, das an seinem Ohr vorbeiflog und fuhr mit seiner Predigt fort. »Gottes Geschenk der Erlösung gilt für beide gleichermaßen, für Reiche und Arme!« Obwohl John Wesley nur 1,60 m groß war, donnerte seine Stimme weit über die Menschenmenge, die sich auf dem Marktplatz versammelt hatte.

»Ach ja?«, pöbelte ihn ein bulliger Mann in Arbeitskleidung an. »Und woher kriegen wir unseren ›Sonntags-Staat‹? Kirche ist nur was für Bonzen!«

Ein Chor wütender Stimmen schrie zustimmend. Noch einige Eier und eine verschimmelte Tomate flogen in Wesleys Richtung. Der kleine Prediger schien nicht beunruhigt – aber er spürte durchaus die Ironie dieser Szene.

Zuerst wollte die Kirche von England ihn nicht predigen lassen, weil er von der Erlösung allein durch Glauben und nicht durch Kirchentraditionen und gute Werke sprach. Also entschloss sich Wesley, im Freien zu Menschen zu predigen, die gewöhnlich nicht in die Kirche gingen – auf einem Feld, am Stadttor oder auf dem Marktplatz. Aber wenn er zu den einfachen Menschen sprach, entwickelte sich manchmal ein Aufruhr. Was sie von der Staatsreligion kannten, hatte nichts zu tun mit ihrem Leben in Hunger, Elend und zermürbender Arbeit.

»Aber das ist die Gute Nachricht!«, fuhr Wesley fort. »Jesus Christus starb für alle Menschen. Gott liebt euch!«

»Liebt uns!«, kreischte eine alte Frau. »Na klar tut Er das!

Vielleicht hat mich deswegen auch mein Alter sitzen gelassen mit den sechs kleinen Bälgern.«

Wesley versuchte den Menschen zu sagen, dass Gott ihre Probleme kannte und dass er ihnen in Zeiten der Not Kraft geben würde. Aber jetzt schob und drückte der aufgebrachte Haufen nur nach vorn. Steine flogen und Stöcke schwangen über den Köpfen.

Als er sah, dass Reden nichts nützen würde, sprang der kleine Prediger von der Kiste, auf der er gestanden hatte. Er ging direkt auf den Mann zu, der offenbar der Anführer war. Er nahm den Mann an der Hand und schrie ihm ins Ohr. »Kommen Sie mit zu mir, guter Mann. Dort können wir weiterreden.«

Überrascht von der freundlichen Art Wesleys, wurde der Mann gleich zum Beschützer. Er stellte sich schützend vor den Prediger auf dem Weg zu dessen Unterkunft. Als der Mann wieder auf die Straße trat, teilte er den Leuten barsch mit, dass derjenige, der den Prediger noch einmal störte, es mit ihm zu tun bekommen würde.

Hatte Wesley den Mann bedroht? Nein – er hatte nach seiner Familie und nach seinen Sorgen gefragt und wieder einmal erklärt, dass Gottes Geschenk der Erlösung und der Vergebung auch für ihn ganz persönlich galt. Und ehe Wesley die kleine Stadt verließ, gründete er eine »Methodisten-Gemeinschaft«. Um die Menschen zu ermutigen und all diejenigen zu lehren, die an der »Erlösung durch Glauben« interessiert waren.

Wenn die Zeit gekommen war weiterzuziehen, bestieg Wesley sein treues Pferd und machte sich auf den Weg zur nächsten Stadt. Dann öffnete er ein Buch, das er auf dem Weg las – bis er ankam und der nächsten aufgebrachten Menschenmenge gegenüberstand.

Kühnheit bedeutet, voll Vertrauen für Gottes Sache zu sprechen, auch wenn andere das verhindern wollen und »faule Eier fliegen«!

Seid aber jederzeit bereit zur Verantwortung jedem gegenüber, der Rechenschaft von euch über die Hoffnung in euch fordert, aber mit Sanftmut und Ehrerbietung! Und habt ein gutes Gewissen, damit die, welche euren guten Wandel in Christus verleumden, darin zuschanden werden, (worin) euch Übles nachgeredet wird (1. Petr. 3,15b+16).

1. Warum waren beide, die Reichen und die Armen, gegen John Wesleys Predigt?
2. Wie behielt John Wesley dem wilden Mob gegenüber die Oberhand?
3. Der Bibelvers oben fordert uns auf, kühn zu sein (»seid aber jederzeit bereit zur Verantwortung jedem gegenüber«). Welche Art Kühnheit ist hier gemeint? Betet, wenn möglich, als Familie zusammen und bittet um eine Kühnheit, die den Menschen in Sanftmut und Respekt begegnet.

Freigebigkeit
Die Zähmung des Geldungeheuers

Stell dir vor, du wärst ein Zeitungsjournalist, der John Wesley, den reisenden Methodistenprediger, interviewt. Du möchtest erfahren, wie er über ein sehr modernes Thema denkt … Geld.

Journalist: Herr Wesley, wenn Sie in der heutigen Zeit predigen würden, was würden Sie den Christen zum Thema Geld sagen?

John Wesley: Zuerst würde ich ihnen sagen: »Verdient so viel ihr könnt!«

Journalist: Wie bitte? Ich hätte erwartet von Ihnen zu hören, dass Geld die Wurzel vieler Übel ist, zum Beispiel Neid, Diebstahl und Glücksspiel.

John Wesley: Die *Liebe* zum Geld ist die Wurzel allen Übels – nicht das Geld selbst. Aber oft ist es schwer, zwischen dem Geld und der Geldliebe zu unterscheiden. Deshalb habe ich drei Grundsätze zu diesem Thema.

Journalist: In Ordnung und der erste lautet: »So viel davon zu verdienen, wie möglich.«

John Wesley: Ja. Aber das Wichtige daran ist, *wie* wir zu unserem Geld kommen. Wir sollten Geld nicht mit Mitteln verdienen, die unserem Körper schaden – mit Berufen, die ungesund sind oder die uns davon abhalten, uns richtig zu ernähren und so weiter.

Journalist: Wie beispielsweise das Einatmen von Pestiziden oder wie besessen zu arbeiten, ohne Pausen.

John Wesley: Ganz genau. Außerdem sollten wir Geld nicht

mit etwas verdienen, das unserem Geist oder unserer Seele schaden könnte – sündige Dinge und alles, was gegen Gottes Gebote oder die Gesetze unseres Landes verstößt.

Journalist: Das stimmt! Sie predigten gegen die Sklaverei, denn obwohl das damals legal war, verstieß es doch gegen Gottes Gebot, seinen Nächsten so zu lieben wie sich selbst.

John Wesley: Da ist noch ein weiterer Gesichtspunkt. Wir können so viel verdienen, wie wir kriegen können *ohne unseren Nächsten zu verletzen* – das gilt für seinen Körper und auch für seine Seele.

Journalist: Ich verstehe. Das schließt schon eine ganze Reihe von Dingen aus – Geschäfte auf Kosten von Armen zum Beispiel oder das Drehen von Horror- und Gewaltfilmen oder Drogenhandel usw.

John Wesley: Es bleiben noch eine Menge Dinge übrig, die wir tun *können*, mit harter Arbeit und gesundem Menschenverstand.

Journalist: Nun, »verdiene so viel du kannst« war der erste Grundsatz. Wie lautet denn der zweite?

John Wesley: Der zweite lautet: »Spare so viel du kannst!«

Journalist: Sie meinen, zum Beispiel mit einem Sparbuch?

John Wesley: Nicht ganz. Ich meine, das Geld nicht an unnötige Dinge zu verschwenden. Plane so, dass du etwas übrig behältst, wenn du deine Familie mit dem Lebensnotwendigen versorgt hast.

Journalist: Die meisten Leute denken, man sollte »so viel verdienen wie man kann«, damit es möglich ist, »so viel auszugeben, wie man kann«.

John Wesley: Oh, aber für einen Christen gibt es einen Unterschied. Der Christ möchte »so viel verdienen, wie er kann« und »so viel sparen, wie er kann«, damit er in der Lage ist »*so viel zu geben, wie er kann*«.

Journalist: Ich wusste, da würde ein Haken dran sein.

John Wesley: Denk daran: Alles, was wir haben, gehört Gott.

Nachdem wir für unsere Familie gesorgt haben, werden wir ermutigt, »allen Menschen Gutes zu tun, vor allem denen, die zur Familie Gottes gehören«.

Journalist: Wow! Das ist wirklich sinnvoll! Jetzt verstehe ich eine Sache, die ich über Sie gelesen habe. Als Sie ein junger Mann waren, verdienten Sie 30 Pfund (englisches Geld); Sie brauchten 28 Pfund zum Leben und hatten 2 Pfund zu verschenken. Im nächsten Jahr verdoppelte sich Ihr Verdienst auf 60 Pfund, aber Sie lebten immer noch von 28 Pfund und konnten so 32 Pfund für andere Dinge einsetzen. Und als Sie 120 Pfund verdienten, lebten Sie *immer noch* von 28 Pfund und verschenkten die übrigen 92 Pfund!

John Wesley (lachend): Ich nenne es Ökonomie des Himmelreichs!

 **Freigebigkeit gegenüber anderen bedeutet ganz einfach, Gott das zur Verfügung zu stellen, was Ihm sowieso gehört.**

 *(Und ihr werdet) in allem reich gemacht zu aller Freigebigkeit, die durch uns Danksagung Gott gegenüber bewirkt (2. Kor. 9,11).*

 1. Wie lauteten John Wesleys drei Grundsätze zum Thema Geld?
2. Wie verwirklichte er sie in seinem eigenen Leben?
3. Wie können wir diese Grundsätze umsetzen?

David Zeisberger

Freund und Missionar
für Amerikas Ureinwohner

David Zeisberger war erst fünf Jahre alt, als seine Eltern aus Mähren flüchteten, wo sie ihres Glaubens wegen verfolgt wurden. Sie schlossen sich einer Gruppe von Christen an, die in Deutschland auf dem Land des Grafen Nikolaus von Zinzendorf Zuflucht und Hilfe gefunden hatten. Als die Gemeinschaft wuchs, sandten sie Missionare aus, um das Evangelium in der ganzen Welt zu verbreiten.

Im Alter von fünfzehn Jahren kam David wieder zu seinen Eltern, die in die Kolonie Georgia – in der »Neuen Welt« (Amerika) – gereist waren. David genoss das Pionierleben. Er hatte ein sehr großes Talent, Sprachen zu lernen und es bot sich ihm die Chance, nach Europa zurückzukehren und dort eine gute Bildung zu erhalten. Aber er zog es vor zu bleiben, denn es war sein Wunsch »an Christus zu bleiben und Ihm in diesem Land zu dienen«.

Das 18. Jahrhundert war eine Zeit des Umbruchs in Nordamerika. England und Frankreich führten Krieg um Land und die Anhängerschaft der vielen Indianerstämme. Später führten die Amerikaner den Unabhängigkeitskrieg gegen Großbritannien und schließlich wurden die Vereinigten Staaten gegründet. Aber David Zeisberger gewann den Respekt der Indianer, weil er ehrlich war und sie nicht betrog oder belog, wie es andere Weiße taten. Er lebte bei ihnen, lernte ihre Sprachen und wurde ihr Helfer und Freund. Als die Indianer Christen wurden, gründeten sie Dörfer der »mährischen Indianer«.

Die Missionare aus Mähren und diese christlichen Indianer wurden alle wegen ihrer friedfertigen, blühenden Dörfer bewundert und sie wurden gehasst, weil sie es ablehnten, im Streit zwischen Indianern und Weißen Partei zu ergreifen. Zweimal wurde David Zeisberger von den Briten gefangengenommen, die der Meinung waren, er müsse ein französischer Spion sein. Wieder und wieder wurden die kleinen Gruppen christlicher Indianer vertrieben und zogen von Ort zu Ort. Sie waren Opfer entsetzlicher Massaker – einmal von der Seite feindlicher Indianer und dann durch die Hände zorniger weißer Siedler.

Aber die mährische Mission blieb bestehen und an Orten, wo andere versagten, hatte sie Erfolg, weil sie nur das Evangelium von Jesus Christus verkündigte und nicht die Interessen irgendeiner weltlichen Macht vertrat. David Zeisberger starb 1808 im Alter von 78 Jahren und ist in Goshen im Staat Ohio begraben.

Ehrlichkeit
Die goldene Münze

Der junge David Zeisberger schob seine Hände in die Jacken-
taschen und ging schneller, um warm zu bleiben. Heimweh
nach seinen Eltern – David und Rosina Zeisberger – stieg in ihm
auf. Sie waren in die »Neue Welt« ausgewandert, letztes Jahr, als
er fünfzehn geworden war. Sie wollten dort in Georgia helfen,
eine neue Kolonie aufzubauen, wo verfolgte Menschen wie sie
selbst – die Böhmischen Brüder – Zuflucht und Sicherheit finden
konnten. Aber David war in Holland zurückgeblieben, um seine
Ausbildung bei den Lehrern der Böhmischen Brüder zu beenden.

»Nun ja, es sind ja nur ein paar Jahre«, dachte David im Stillen und versuchte den Kloß in seinem Hals herunter zu schlu-
cken. »Lerne fleißig, beschäftige dich – das ist der beste Weg,
die Zeit schneller herum zu bekommen.«

»Sag mal, Junge«, ertönte plötzlich eine fremde Stimme und
unterbrach Davids Gedanken. Ein großer Mann in einem teu-
ren Mantel winkte ihm. »Ich bin neu in Utrecht«, sagte der
Mann, »und kenne mich nicht aus. Könntest du mir sagen, wie
ich zu dieser Straße komme?« Er zeigte David einen Zettel.

»Noch besser – ich zeige es Ihnen«, bot David an. Er war
froh, nun eine Aufgabe zu haben. Zielstrebig schlängelte er sich
durch die engen Gassen und brachte den Mann zu der Straße,
die er gesucht hatte.

»Vielen Dank, junger Mann«, sagte der Fremde und hielt
ihm eine Münze hin. »Hier ein Trinkgeld für deine Mühe.«

»Nein, nein«, protestierte David. »Es war keine Mühe.« Außerdem wusste er, dass es gegen die Regeln der Schule war,

Geld von jemandem anzunehmen.

»Ich bestehe darauf«, erwiderte der Mann freundlich und schob eine Goldmünze in Davids Hand.

David starrte in seine Hand. Eine *goldene* Münze! Niemand würde ihm glauben, dass er die als Trinkgeld bekommen hatte. Sie war viel zu wertvoll! Einen kurzen Moment lang zog er es in Erwägung niemandem von dem Vorfall zu erzählen … aber er wusste, das war nicht ehrlich. Er würde die Münze seinem Schulmeister geben müssen und ihm erzählen, wie er sie bekommen hatte.

Aber er hatte recht gehabt. Der Schulmeister glaubte ihm nicht. »Du hast diese Münze gestohlen!«, beschuldigte er ihn. »Kein Fremder würde einem Jungen so viel Geld geben.«

»Aber wenn ich sie gestohlen hätte, warum sollte ich Ihnen von der Münze erzählen?«, fragte David unschuldig.

Das machte den Schulmeister wütend. Er griff nach einer Rute und schlug David, weil er seiner Meinung nach gestohlen hatte.

Der Schmerz des Schlages ließ bald nach, aber tief in seinem Inneren war David sehr zornig. Er war immer gelehrt worden, wahrhaftig und ehrlich zu sein – dafür bestraft zu werden, war ein schrecklicher Fehler.

»Hier kann ich nicht bleiben«, beschloss er wütend. »Ich werde ausreißen, in die Neue Welt fahren und meine Eltern finden. Sie werden mir glauben, dass ich das richtige getan habe.«

David überredete seinen Freund Johann Michael Schober, mit ihm nach London durchzubrennen. Dort fanden die Jungen General Olgelthorpe, den Mann, der in der Neuen Welt die neue Kolonie Georgia gegründet hatte. Mit Hilfe des Generals kam David an Bord eines Schiffes nach Amerika – dem Land, das bald seine neue Heimat werden sollte. In Amerika würde sein Ruf, ehrlich und wahrhaftig zu sein, wieder und wieder erprobt werden.

Ehrlichkeit bedeutet, die Wahrheit zu sagen, auch wenn andere uns missverstehen oder wir Nachteile davon haben.

Wer die Wahrheit spricht, bringt Rechtes vor, ein falscher Zeuge hingegen (nur) Betrug (Spr. 12,17).

1. Warum sagte David die Wahrheit, obwohl er wusste, dass der Schulmeister ihm nicht glauben würde?
2. Worin liegt der Unterschied zwischen dem Leiden als Folge für richtiges Handeln und dem Leiden, das aufgrund von falschem Handeln folgt?
3. Wann fällt es dir schwer, ehrlich zu sein? Warum?

Freundschaft
Adoptiert vom Schildkröten-Clan

David war nun vierundzwanzig Jahre alt und schaute sich neugierig um, hier in dem großen Kreis bronzefarbener Männer. Sie alle waren in ihren besten Hemden, Hosen, Ketten und Federschmuck erschienen. Sechzig »sachems«, führende Häupter aus fünf Indianergebieten – Mohikaner, Oneidas, Onandagas, Cayugas und Senecas – waren hier am 20. Juni 1745 zum Großen Rat der Irokesen-Konföderation erschienen. Zwei weiße Männer saßen in ihrer Mitte: Bischof Spangenberg, ein Ältester bei den Christen – den Böhmischen Brüdern – und der junge David Zeisberger.

»Freunde«, sagte Bischof Spangenberg, »wir sind gekommen, um die Erlaubnis einzuholen, im Tal von Wyoming eine Mission zu beginnen. Vor einigen Jahren hat dieser Rat mit dem Grafen von Zinzendorf, unserem Leiter, einen Freundschaftsvertrag abgeschlossen, als er aus Deutschland hier zu Besuch war. Auch jetzt kommen wir wieder als Freunde, die unter euch leben möchten.« Der Übersetzer übertrug die Rede in die Sprache der Irokesen.

»Viele weiße Männer behaupten, sie kämen als Freunde«, brachte einer der Cayuga-Häuptlinge vor. »Aber ihre Zunge ist gespalten. Sie sagen das eine und tun das andere.«

»Ja!«, schrie ein Seneca. »Die weißen Männer schwatzen uns im Tausch gegen Rum unsere Kanus und unser Land ab. ›Trink! Trink!‹, sagen sie. Also trinken wir und der Rum raubt uns den Verstand. Dann zeigen die Weißen mit dem Finger auf uns und lachen. ›Schau sie an, die Tölpel!‹, sagen sie. Aber wer macht uns zu Tölpeln?«

Zustimmung und Nicken überall im Kreis waren die Folge. »Ja! Genau! Die Weißen wollen uns nur um unser Land betrügen!«

Ein Mohikaner-Häuptling stand auf. »Was ihr sagt, ist richtig«, begann er. »Aber diese weißen Männer sind anders. Der Junge, David, lebte im letzten Winter in unserem Stamm. Er kam, um unsere Sprache zu lernen und versprach uns seine Freundschaft. Die Briten in unserer Gegend wollten, dass er König George Treue schwören sollte – aber David tat es nicht. Also sperrten sie ihn wegen Spionage ein. Sieben Wochen im Gefängnis – obwohl er kein Unrecht getan hatte! Ich sage, er und sein Bischof sind Freunde und nicht Werkzeuge der Briten.«

Einer der Onandagas stand auch auf. »Meine Brüder, den Bischof kenne ich nicht. Aber ich kenne David Zeisberger. Er ist mehr als ein Freund – er ist unser Bruder. Wir Onandagas haben ihn in unseren Stamm aufgenommen, in den Clan der Schildkröten. Sein Name bei uns ist *Ganousaracherie*.«

Die Häuptlinge murmelten aufgeregt miteinander. Indianer-Clans wie der der Schildkröten, Bären und Biber erstreckten sich auf mehr als einen Stamm. Ein Mitglied des Schildkröten-Clans würde von jedem anderen Mitglied des Schildkröten-Clans als Mitglied der Familie angesehen werden, egal ob sie Seneca, Mohikaner oder Oneida waren.

Durch diese Worte dauerte es nicht lange, bis die Bitte des Bischofs vom Großen Rat mit einem Ja beantwortet wurde.

Als Bischof Spangenberg und David Zeisberger später den Rat verließen, sagte der Bischof: »David ich sehe, dass deine Freundschaft zu unseren indianischen Brüdern den Weg für die Mission geebnet hat, die wir in diesem Tal aufbauen möchten. Du bist noch jung, aber ich glaube, dass du wirklich von Gott berufen bist, das Evangelium zu den Indianern Nordamerikas zu bringen.«

Freundschaft zu Menschen, die anders sind als wir, kann den Weg ebnen, ihnen Gottes Liebe zu zeigen.

Wer Reinheit des Herzens liebt, wessen Lippen wohlgefällig (reden), dessen Freund ist der König (Spr. 22,11).

1. Warum misstrauten einige Mitglieder des Großen Rates der Irokesen der Bitte des Bischofs?
2. Was änderte ihre Meinung?
3. Wie kannst du (mit deiner Familie) einem Fremdem oder jemanden, der Gott noch nicht kennt, echte Freundschaft erweisen?

Vertrauen
Massaker in Schönbrunn

Der Häuptling der Delawaren, Netawetwas, und sein Freund David Zeisberger sprachen über ein sehr ernstes Thema. »Viele meiner Krieger wollen die Briten im Kampf gegen die Siedler unterstützen«, sagte der Häuptling. »Sie wollen nicht, dass die weißen Siedler ins Ohio-Tal kommen. Dreitausend tapfere Krieger sind bereit, in den Krieg zu ziehen.«

»Aber Häuptling Netawetwas, die Delawaren sind ein friedliebendes Volk«, rief Zeisberger. »Lasst euch nicht hineinziehen in diesen Krieg zwischen Britannien und seinen Kolonien. Auch wenn Oberst Hamilton uns und die indianischen Christen im Fort Detroit unter Druck zu setzen versuchte, haben wir ihm doch gesagt, dass wir nicht kämpfen werden.«

Häuptling Netawetwas schnaubte. »Ich weiß. Hamilton, der ›Schopf-Käufer‹, hat versprochen, die Indianer für den Skalp eines jeden weißen Siedlers zu bezahlen. Aber ... du hast recht. Ich werde mein Möglichstes versuchen, um die Delawaren aus diesem Krieg herauszuhalten.« Zeisberger sah seinem Freund nach. Vor neun Jahren hatte der Delawaren Häuptling Zeisberger und seine Gruppe von christlichen Indianern eingeladen, sich am Muskingum Fluss im Ohio-Tal niederzulassen. Dankbar für diese Gelegenheit, den blindwütigen Kämpfen zwischen weißen Siedlern, Indianern und Briten am Susquehanna Fluss in Pennsylvania zu entkommen, hatte Zeisberger die Einladung angenommen. Sie hatten im Ohio-Tal eine christliche Stadt errichtet, die sie Schönbrunn nannten, was »schöne Quelle« bedeutet.

Aber die Revolutionskriege hatten sie auch in der Wildnis eingeholt. Zeisberger und die anderen Böhmischen Brüder lehnten es ab, Partei zu ergreifen – aber eben dies machte sie für die Briten wie für die Amerikaner verdächtig, für die jeweils andere Seite zu spionieren. Die Gefahr war schnell da. Am 10. August 1781 ritten dreihundert Indianer, angeführt von einem britischen Hauptmann, in Schönbrunn ein. »Wir haben den Befehl, euch Missionare zurück nach Detroit zu bringen«, bellte Hauptmann Elliot. Als David Zeisberger und die anderen Missionare unter Gewaltanwendung abgeführt wurden, versuchten die Indianer mit der Kriegsbemalung die indianischen Christen dazu zu überreden mitzukommen. Als die Indianer ablehnten, wurden sie mit Waffen vertrieben und die Kriegstruppe zerstörte ihre Häuser, stahl ihr Eigentum und verbrannte fast die ganze Ernte.

Vor der Ernte aus ihren Häusern vertrieben, bauten die vierhundert indianischen Christen gleich eine neue Stadt am Sandusky-Fluss in Ohio, die sie »Stadt der Gefangenen« nannten. Doch als der Winter kam, standen sie dem möglichen Tod gegenüber. Schließlich entschied die Gruppe, dass neunzig Personen – Männer, Frauen und Kinder – nach Schönbrunn zurückkehren sollten, um die Ernte einzubringen.

Sie wussten nicht, was sie dort erwarten würde. Monate vergingen bis David Zeisberger in Detroit erfuhr, dass ein Trupp von zweihundert weißen Siedlern die unschuldigen Erntearbeiter zusammengetrieben und zu Tode geprügelt hatte, als Rache für den Tod einer Siedlerfamilie durch unbekannte Indianer.

Als er die schreckliche Nachricht hörte, rief David: »Wo werden wir endlich eine Zuflucht finden, ein kleines Fleckchen Erde, wo wir mit unseren Indianern friedlich leben können? Die Erde ist nicht groß genug. Von den Weißen, die sich selbst ›Christen‹ nennen, können wir keine Hilfe erwarten. Unter den aufgebrachten Indianern haben wir keine Freunde mehr. Wir sind Geächtete! Aber der Herr regiert! Und Er wird uns nicht verlassen.«

Vertrauen bedeutet, Gottes Allmacht zu vertrauen, auch wenn alles böse zu enden scheint.

Jetzt habe ich erkannt, dass der HERR seinem Gesalbten hilft; aus seinen heiligen Himmeln wird er ihn erhören durch Heilstaten seiner Rechten (Ps. 20,7).

1. Warum wollte David Zeisberger wohl nicht, dass die Missionare und indianischen Christen in diesem Unabhängigkeitskrieg Partei ergriffen?
2. Warum war David Zeisberger deiner Meinung nach in der Lage zu sagen: »Der Herr regiert. Er wird uns nicht verlassen«, nachdem er von dem schrecklichen Massaker gehört hatte?
3 Wie kannst du dein Vertrauen zu Gott stärken, auch wenn alles schief zu laufen scheint?

John Newton

Der Sklavenhändler, der Gnade fand

John Newtons liebevolle Mutter starb, bevor der Junge sieben Jahre alt war und er fühlte sich plötzlich sehr einsam. Seit seiner Geburt im Jahre 1725 hatte ihn seine Mutter fast ausschließlich allein erzogen, weil sein Vater, ein Seemann, durch die langen Reisen oft fort war.

Aber nun änderte sich das Leben für John schlagartig: Sein Vater heiratete zwar wieder, aber seine Stiefmutter wollte ihn nicht um sich haben und schickte ihn in ein Internat, weg von zu Hause.

Als er elf war, nahm ihn sein Vater mit auf See. »Vielleicht wird er jetzt Zeit für mich haben«, hoffte John, aber sein Vater war zu beschäftigt.

Später wurde er als Soldat eingezogen und kam zur Marine, der British Royal Navy. Er versuchte, von dort zu fliehen, aber er wurde erwischt und ausgepeitscht. Als sein Schiff in einem Hafen nahe Nordafrika anlegte, damit nötige Reparaturen vorgenommen werden konnten, schaffte es John, sich gegen einen ausgebildeten Zimmermann von einem anderen Schiff eintauschen zu lassen. Er war froh, die Navy verlassen zu können.

Da er der Meinung war, das Leben behandele ihn denkbar schlecht, beschloss er, andere genauso zu behandeln. Nun verschlimmerte John seine Lage noch, weil er es ablehnte, Befehlen zu gehorchen. Schließlich fand er Arbeit bei einem Sklavenhändler an der afrikanischen Küste. Aber dann wurde er selbst zum Sklaven gemacht!

Sein Vater erreichte schließlich, dass er frei gelassen wurde, aber die schlechten Erfahrungen, die John gemacht hatte, lehrten ihn nicht, barmherzig gegenüber anderen zu sein. Im Alter von zweiundzwanzig Jahren wurde er Kapitän auf seinem eigenen Sklavenschiff.

Eines Tages geriet sein Schiff in einen furchtbaren Sturm und drohte zu sinken. Als alles verloren schien, erinnerte sich John an den Gott, von dem seine Mutter ihm erzählt hatte. Er bekannte seine Sünden und Gott rettete ihn.

John Newton wurde Geistlicher, setzte sich für die Abschaffung der Sklaverei ein und schrieb viele Lieder. Sein wohl bekanntestes Lied erzählt seine eigene Geschichte: »Amazing grace! How sweet the sound that saved a wretch like me!« (Unfassbare Gnade! Wie wunderbar das Wort, das einen Schurken wie mich errettet hat.)

Schicksal
Zu einem Zweck bewahrt

Eines Tages, als der junge John Newton mit einigen Freunden ausritt, flog plötzlich ein großer Vogel mit solch wildem Flügelschlag aus dem Gebüsch, dass Johns Pferd scheute. Das Tier bäumte sich auf und warf John ab. Rücklings stürzte er auf die Erde. Die Wucht des Aufpralls nahm ihm den Atem.

Er rang nach Luft und bemerkte dabei einige scharfe Stecken, die wenige Zentimeter von ihm entfernt aus der Erde ragten. Sie hätten ihn getötet, wenn er dort gelandet wäre. Irgendjemand hatte die Hecke neben dem Weg zurückgeschnitten. Die getrockneten, spitzen Stümpfe der kleinen Sträucher bildeten nun ein Bett aus scharfen Stäben, jeder davon etwa zwanzig Zentimeter lang. Wenn er dorthin gefallen wäre, hätten sie ihn aufgespießt.

Seine Freunde sagten, er habe nur Glück gehabt, aber John erinnerte sich an die Worte seiner Mutter über Gottes Liebe – dass Gott ihn liebte und dass es einen Sinn für sein Leben gab.

Aber bald hatte John diese Lektion vergessen und fuhr fort mit seinem eigennützigen Leben, ohne auch nur einen Gedanken daran zu verschwenden, was Gott vielleicht von ihm wollte.

Ungefähr zwei Jahre später beschlossen John und einige andere Jungen, zu einem großen Kriegsschiff hinauszurudern, das in der Mitte des Flusses vor Anker lag. Sie planten, am nächsten Morgen aufzubrechen, aber John, der gern lang schlief, traf zu spät am Flussufer ein.

Die anderen Jungen hatten nicht länger warten wollen und waren ohne ihn aufgebrochen. Sie waren mit dem Boot schon auf dem Fluss, lachten und schrien und amüsierten sich köstlich. John schrie ihnen zu, sie sollten umkehren und ihn noch mitnehmen, aber sie verspotteten ihn nur. »Bis später, alter Junge«, schrien sie, »warum machst du uns nicht was Leckeres zu essen bis zu unserer Rückkehr?«

John war so wütend, dass er am Ufer hin und her marschierte und sie beschimpfte. Wenn er hätte schwimmen können, wäre er ins Wasser gesprungen und hinter ihnen hergeschwommen.

Als er aber wieder hinübersah, standen gerade zwei Jungen in dem Boot auf und es kippte plötzlich zu einer Seite um. In wildem Geplatsche versuchten die Jungen sich in Sicherheit zu bringen und festen Halt zu finden. Endlich wurde aus dem Kriegsschiff ein Rettungsboot zu Wasser gelassen, um sie zu retten, ehe die Strömung sie erfassen und ins Meer reißen würde.

Aber bis dahin war Johns bester Freund schon ertrunken.

In seiner Trauer um den Freund erkannte John, dass auch er ertrunken wäre, wenn er sich auf dem Boot befunden hätte. Denn auch er konnte nicht schwimmen. Gott hatte ihn wieder gerettet! Aber John beachtete auch diesen Umstand nicht.

Jahre später, als er in Afrika zum Sklaven gemacht wurde, misshandelte man ihn so sehr, dass er fast gestorben wäre. Aber wieder wurde er im letzten Moment gerettet. Warum rettete Gott ihn immer wieder? John nahm sich immer noch nicht die Zeit, darüber nachzudenken.

Schließlich wurde John Kapitän auf seinem eigenen Schiff. Ein schrecklicher Sturm versenkte es fast. Diesmal dachte John an Gott und betete um Hilfe. Als Gott das Schiff bewahrte, erkannte John Newton endlich, dass Gott ihn liebte und mit seinem Leben etwas vorhatte.

 **Du entdeckst dein Schicksal – Gottes Plan für dich –, wenn du glaubst, dass Gott dich liebt und dass Er etwas Besonderes mit deinem Leben vorhat.**

 *Aber jetzt, so spricht der Herr …: Fürchte dich nicht, denn ich habe dich erlöst! Ich habe dich bei deinem Namen gerufen, du bist mein (Jes. 43,1).*

1. Wie rettete Gott John Newton das Leben?
2. Warum bemerkte John nicht, dass Gott etwas Besonderes mit seinem Leben vorhatte?
3. Erzähle von einer Begebenheit, bei der Gott dein Leben bewahrt hat oder frage einen Erwachsenen nach einer solchen Begebenheit in seinem Leben, als er oder sie hätten sterben können. Dankt Gott für seine Liebe und für Seinen besonderen Plan mir eurem Leben.

Ausharen
Der Pfarrer, den keiner wollte

Nachdem John Newton seine Laufbahn als Kapitän aufgegeben hatte, arbeitete er als Handelsinspektor. Während dieser Zeit hatten er und seine Frau Mary oft Freunde zu Gast, die zu den Gebetstreffen am Sonntagabend in ihr Haus kamen. Dies waren immer Zeiten voller Freude, bei denen man Lieder sang und einer dem anderen erzählte, was Gott für ihn getan hatte.

Oft wurde John gebeten zu erzählen, wie Gott ihn bewahrt hatte. Aber als John gebeten wurde, dieselbe Begebenheit in einer Kirche zu erzählen, stand er starr vor Angst da. Der Pfarrer bat ihn, es eine Woche später noch ein zweites Mal zu versuchen. Wieder hatte John Angst, aber diesmal war das Gefühl schwächer als beim ersten Mal. Beim dritten Versuch stand er das Ganze durch, ohne aufzugeben. Danach wurde er so oft gebeten zu predigen, dass seine Freunde ihm rieten, Pfarrer zu werden.

Konnte das der Grund sein, warum Gott sein Leben wiederholt verschont hatte?

Je mehr John darüber betete, desto größer wurde sein Interesse. Als ein Pfarrer aus einer anderen Stadt davon hörte, lud er John ein, eine kleine Gemeinde zu übernehmen. Alles, was er brauchte, war die Empfehlung von drei Pfarrern und die Ernennung durch den Bischof.

Die Empfehlungsschreiben zu bekommen, war einfach, aber die Ernennung durch den zuständigen Bischof war ihm nicht so sicher. Er mochte John, aber da er keine professionelle Ausbildung hatte, wollte er ihn nicht zum Pfarrer ernennen.

John versuchte es an zahlreichen anderen Stellen und bekam jedesmal eine Absage. Schließlich war er so mutlos, dass er fast aufgegeben hätte. Aber als der Herzog von Dartmouth von Johns Wunsch hörte, bat er ihn, Pfarrer der Kirche in der Stadt Olney zu werden. »Mit der Unterstützung des Herzogs werde ich die Ernennung sicherlich bekommen«, dachte John. Diesmal suchte John den Erzbischof von York auf, der in London Prüfungen zur Ernennung neuer Pfarrer durchführte. Aber als der Sekretär hörte, dass John schon von verschiedenen anderen Bischöfen abgelehnt worden war, wollte er ihn nicht einmal einlassen, um mit dem Erzbischof zu sprechen.

John rannte anderthalb Meilen zum Haus des Herzogs und berichtete ihm, was geschehen war. Der Herzog schrieb einen kurzen Brief an den Erzbischof und verschloss ihn mit seinem Siegel. John rannte zurück durch die Stadt und zeigte dem Sekretär diesen Brief. Der Kirchendiener konnte sich nun nicht länger weigern, John vorzulassen. Aber zu Johns großer Enttäuschung wollte ihn auch der Erzbischof nicht ernennen.

Der Erzbischof sagte, es tue ihm leid, dass er nicht helfen könne. Er mochte John, aber er traute ihm nicht zu, die Verantwortung für eine Gemeinde tragen zu können. Allerdings hatte er noch einen weiteren Vorschlag. »Versuchen Sie es beim Bischof von Lincoln.«

Ohne viel Hoffnung machte John sich auf. Nach einer langen Prüfung von Johns Bibelkenntnis und der Ernsthaftigkeit seines Wunsches, Pfarrer zu werden, stimmte der Bischof zu, John zu ernennen. John und seine Frau Mary waren überglücklich. Begleitet von vielen guten Wünschen ihrer Freunde, zogen sie nun um nach Olney. Dort waren Johns Predigten bald so beliebt, dass die Kirche vergrößert werden musste.

Aber die größte Freude für die beiden war es, als sie William und Mary Cowper kennenlernten. Die Cowpers zogen in das Haus neben den Newtons und die vier wurden die besten Freunde. William war ein Dichter und John hatte bis dahin entdeckt, dass er Freude daran hatte, Lieder zu komponieren. Zusammen veranstalteten die beiden Männer Wettbewerbe im Liederschreiben. Während dieser Zeit verfasste John so berühmte Lieder wie *Amazing Grace, How Sweet the Name of Jesus Sounds, Glorius Things of Thee Are Spoken* und viele andere.

 **Ausharren bedeutet, nicht aufzugeben, selbst wenn alles verloren erscheint.**

 *Denn Ausharren habt ihr nötig, damit ihr, nachdem ihr den Willen Gottes getan habt, die Verheißung davontragt (Hebr. 10,36).*

1. Was geschah beim ersten Mal, als John versuchte, in einer Kirche zu sprechen? Beim zweiten Mal? Beim dritten Mal?
2. Was erhielt John Gutes, weil er nicht aufgab?
3. Erzähle eine Begebenheit, bei der du mehrere Anläufe brauchtest, ehe du in der Lage warst, etwas zu tun.

Wiedergutmachung
Der Fremde mit dem dicken Mantel

Pfarrer John Newton verabschiedete gerade die Gottes-
dienstbesucher, als sich ihm ein Fremder in einem dicken
Mantel näherte und ihm einen Umschlag zusteckte. »Sir«, flüsterte der Mann, »bitte nehmen Sie dies. Es ist sehr wichtig.«
Damit war er verschwunden.

»Seltsam«, dachte Newton. „Was sollte das denn?«

Vor einiger Zeit hatte John in einem Lied die Worte geschrieben: »Unfassbare Gnade! Wie wunderbar das Wort, das einen
Schurken wie mich errettet hat.«

Warum sollte ein Pfarrer sich selbst als »Schurke« bezeich-
nen? John Newton hatte nicht sein vergangenes Leben und all
das Elend vergessen, das er als Kapitän auf einem Sklavenschiff
verursacht hatte. Der Sklavenhandel war wirklich ein böses
Geschäft. Es bestand darin, Afrikaner aus ihren Häusern zu
entführen, sie auf Schiffe zu pferchen, wo viele von ihnen während der Überfahrt qualvoll starben oder den Verstand verloren. Am Ende wurden sie in ein grausames Leben als Sklaven
verkauft.

Nachdem John Newton Christ geworden war, sprach Gott
zu ihm. Obwohl damals viele Menschen dachten, Sklaverei sei
nichts Schlimmes, erinnerte Gott Newton an all die schrecklichen Auswirkungen dieses Treibens. Und je mehr er darüber
nachdachte, desto mehr machte es ihn krank. Er begann seine
eigene Sünde so anzusehen, wie Gott es tat – ein schreckliches,
hässliches Ding. Ganz sicher war Gottes unbegreifliche Gnade
nötig gewesen, jemand, der so schlecht war wie er, zu retten.

Newton bereute seine Sünde zutiefst und dankte Gott, dass Er ihn gerettet hatte. In seiner Dankbarkeit betete er: »Oh Gott, bitte erlaube mir, ein wenig dazu beizutragen, dass diese Dinge bereinigt werden.« Aber was konnte er tun? Er konnte die auf See Verstorbenen nicht wieder lebendig machen. Er konnte die Sklaven, die noch am Leben waren, nicht wieder in ihre Heimat zurückbringen. Was konnte er tun?

Gottes Antwort kam in Form dieses Fremden im dicken Mantel. Als John Newton den Umschlag öffnete, fand er darin einen Brief von William Wilberforce, einem wichtigen Staatsbeamten. »Ich spüre, dass Gott einen wichtigen Plan für mein Leben hat«, schrieb er. »Würden Sie mir helfen, ihn zu entdecken?«

Newton war begeistert. Konnte das die Antwort auf seine Gebete sein? Als hoher Staatsbeamter konnte Wilberforce vielleicht dazu beitragen, die Gesetze zu ändern und die Sklaverei zu beenden.

Gemeinsam machten sich die beiden an die Arbeit. Und im Jahre 1807, wenige Monate vor John Newtons Tod, verabschiedete das britische Parlament ein Gesetz, das Englands Beteiligung am Sklavenhandel beendete. Wilberforce setzte die Arbeit fort, alles ins rechte Gleis zu bringen. 1825 wurden alle Sklaven in England freigelassen.

Durch Wiedergutmachung verdient man sich nicht die Vergebung. Aber aus Dankbarkeit über die Vergebung, hat man den Wunsch, begangenes Unrecht wiedergutzumachen.

Zachäus aber stand und sprach zu dem Herrn: Siehe, Herr, die Hälfte meiner Güter gebe ich den Armen und wenn ich von jemand etwas durch falsche Anklage genommen habe, so erstatte ich es vierfach (Lk.19,8).

1. Warum bezeichnete John Newton sich selbst als einen »Schurken«? Was denkst du, bedeutet dieses Wort?
2. Worum betete John Newton?
3. Wenn du etwas falsch machst, ist es das Wichtigste, echte Reue zu zeigen und um Vergebung zu bitten. Warum ist Wiedergutmachung richtig, auch wenn jemand dir schon vergeben hat?

Adoniram und Ann Judson

Amerikas erste Missionare im Ausland

Am 5. Februar 1812 gaben sich Adoniram Judson und Ann Hassletine in Bradford, Massachusetts, das Ja-Wort. Vierzehn Tage später befanden sich die Jungvermählten auf einem Segelschiff mit Kurs auf Indien. Sie würden an einem Missionseinsatz in einem fremden Land teilnehmen!

Die britische Ostindien-Gesellschaft sah es jedoch nicht gerne, wenn Missionare bei gewinnbringenden Geschäften im Weg waren und zwangen sie, das Land wieder zu verlassen. Aber wohin sollten sie gehen? Gott hatte sie gerufen, Menschen das Evangelium zu bringen, die noch nie davon gehört hatten. Voller Gottvertrauen bestiegen sie ein Schiff, das nach *Burma* segelte. Burma, ein Land, das sehr feindlich gegenüber Fremden war, regiert von einem König, der die Macht hatte, zu bestimmen, wer lebte und wer starb. In Burma war es gesetzlich verboten, einen anderen Gott als Buddha anzubeten. Aber als die Judsons in Ragoon landeten, wussten sie, dass Gott sie *genau hier* haben wollte.

Ihre erste Aufgabe war es, die schwierige Sprache zu lernen. Stückchen für Stückchen arbeitete Adoniram an einem Englisch-Burmesisch-Lexikon und übersetzte die Bücher der Bibel. Nach sechs Jahren tauften sie den ersten an Christus gläubig gewordenen ehemaligen Buddhisten. Als die kleine Gemeinde in Rangoon auf achtzehn Mitglieder angewachsen war, reisten die Judsons den Irrawaddy Fluss hinauf, um eine Missionsstation in Ava, der Königsstadt, zu errichten.

1824 brach zwischen England und Burma der Krieg aus und von da an waren alle Ausländer den Burmesen verdächtig, Spione für England zu sein. Adoniram wurde zum Tode verurteilt und ins Gefängnis geworfen. Nach anderthalb Jahren voller Misshandlungen und Qual wurde er entlassen, um den Friedensvertrag zwischen England und Burma zu übersetzen.

Zu diesem Zeitpunkt war Anns Gesundheit bereits durch Malaria und die ständige Anspannung ruiniert. Sie starb zwei Jahre später und nur ein halbes Jahr später starb die zwei Jahre alte Marie. (Sie hatten vorher schon ein Baby verloren.) Adoniram kämpfte einige Jahre mit Kummer und Zweifeln, aber er beendete die Übersetzung der gesamten Bibel. 1850 starb er im Alter von zweiundsechzig Jahren und wurde auf See bestattet.

Wahrhaftigkeit
Ein Ort des Austausches

Als Adoniram und Ann Judson 1813 in Burma ankamen mussten sie zuallererst die Sprache lernen. Ein ehemaliger buddhistischer Mönch namens Maung Shwa-gnong war bereit, ihr Lehrer zu sein.

Doch nachdem die Judsons schon fast sechs Jahre in Burma waren, war kein einziger Mensch Christ geworden.

»Die Leute sind sehr höflich, aber keiner möchte über Jesus sprechen«, sagte Adoniram.

»Du hast zwei Traktate und das Matthäus-Evangelium übersetzt«, entgegnete Ann. »Zumindest können die Menschen die Gute Nachricht in ihrer eigenen Sprache lesen.«

»Ja, das ist wahr«, stimmte Adoniram zu. »Aber wir müssen einen Weg finden, auch wirklich mit den Menschen zu sprechen.«

»Wenn Sie über Religion sprechen wollen«, sagte Maung Shwa-gnong, »müssen Sie ein *Zayat* bauen.« Die beiden Missionare hatten diese Plattformen auf Pfählen entlang des Pagodenweges gesehen – der Straße, die zur Großen Goldenen Pagode führte. »Auf den *Zayats* treffen sich die Männer, um über Philosophie und Religion zu sprechen«, fügte der Burmese noch hinzu.

Aufgeregt baute Adoniram ein *Zayat*, setzte sich unter das Strohdach und wartete auf eine Gelegenheit, von Jesus sprechen zu können. Tatsächlich kam erst einer, bald ein weiterer Mann und setzten sich in das *Zayat*. Dies war die Art, wie die Menschen in Burma über Religion sprachen.

»Was sagt Ihre Religion über das Denken?«, fragte ein Mann

namens Maung Nau, in der Hoffnung auf eine lebhafte Debatte. Adoniram antwortete nur: »Unsere Bibel sagt: Brüder und Schwestern, denkt an die Dinge, die gut und ehrenwert sind.« Er fügte noch hinzu: »Wie wir denken, so verhalten wir uns auch.«

»Was?«, sagte Maung Nau. »Das ist unmöglich. Wir können nicht leben, ohne Lügen zu erzählen.«

Adoniram war überrascht. »Wie meinen Sie das?«

»In Burma ist das Wort des Königs Gesetz. Wenn das, was Sie sagen, ihm nicht gefällt, kann er Sie problemlos köpfen lassen – einfach so. Also sagen Sie das, was der König oder der Bürgermeister hören wollen. Keiner traut dem anderen über den Weg. Das ist die einzige Weise, um zu überleben!«

Adoniram erkannte plötzlich, dass die burmesische Denkweise es sehr schwer machte, die biblischen Wahrheiten zu verstehen. »Aber unsere Religion gründet sich auf die Wahrheit«, sagte er. »Gottes Sohn sagte: ›Ich bin die Wahrheit.‹ Menschen, die an Jesus Christus glauben, müssen ebenfalls in ihrem Reden und Handeln wahrhaftig sein.«

Die Männer gingen kopfschüttelnd davon. Diese seltsamen christlichen Ideen konnten gefährlich sein! Trotzdem fuhr Adoniram mit Maung Nau und einigen anderen Männern fort, im *Zayat* zu diskutieren. Maung Shwa-gnong hörte auch zu. Dann sagte Maung Nau eines Tages: »Ich habe mich entschieden, Jesus nachzufolgen. Ich möchte getauft werden.« Dafür hatte Adoniram schon lange gebetet! Aber er zögerte. Er wusste, dass Maung Nau sein Leben aufs Spiel setzte, wenn er Christ wurde.

Daraufhin sagte Maung Nau: »Ich bin es leid, das Lügen und Betrügen. Ich möchte dem wahren Gott nachfolgen.«

Adoniram und Ann jubelten! Sie waren so aufgeregt. Und innerhalb weniger Jahre zählte die kleine Gemeinde in Rangoon achtzehn burmesische Christen – Maung Shwa-gnong, den Sprachlehrer, eingeschlossen.

Wahrhaftigkeit hilft, Menschen auf Jesus hinzuweisen, der »die Wahrheit, der Weg und das Leben ist«.

Sondern wir haben den geheimen (Dingen), deren man sich schämen muss, entsagt und wandeln nicht in Arglist, noch verfälschen wir das Wort Gottes, sondern durch die Offenbarung der Wahrheit empfehlen wir uns jedem Gewissen vor Gott (2. Kor. 4,2).

1. Warum war es wichtig, mit den Burmesen ein echtes Gespräch über Jesus zu beginnen?
2. Stimmst du zu, dass wir »so handeln, wie wir denken«? Warum oder warum nicht?
3. Wir Christen sagen, wir glauben an den einen wahren Gott. Warum ist es wichtig für uns, mit anderen in Wahrhaftigkeit umzugehen und die Wahrheit zu sagen?

Ausharren
Das Buch im Kopfkissen

A doniram«, rief Ann, »Koochill sagt, dass Abendessen ist fertig.« Müde legte Adoniram Judson das Manuskript, an dem er gerade gearbeitet hatte, beiseite. Seit dreizehn Jahren waren die Judsons nun schon in Burma. Die Sprache war schwierig und das Übersetzen der Bibel war eine langwierige Aufgabe. Burma führte Krieg gegen England, deshalb arbeiteten die amerikanischen Missionare so still wie möglich in ihrem Bambushaus, das auf Pfählen stand. Es war zu gefährlich, in der Öffentlichkeit zu missionieren.

Adoniram, Ann und ihre beiden Pflegetöchter begannen Koochills schmackhafte Fischsuppe zu löffeln. Plötzlich flog die Tür auf und mehrere Männer stürmten ins Zimmer. »Mister Judson? Sie sind verhaftet!«, sagte der städtische Friedensrichter ernst. »Fesselt ihn!«

»Wie lautet die Anklage?«, stieß Adoniram hervor, als zwei Männer roh seine Arme auf dem Rücken verschnürten.

»Sie werden von den Engländern bezahlt. Sie sind Spione!«, beschuldigte ihn der Friedensrichter.

»Nein, nein!«, rief Ann. Ihre völlig verängstigten Töchter klammerten sich an den Rock der Köchin. »Unsere englischen Freunde haben nur die Schecks von unserer Missionsgesellschaft in Amerika eingelöst.«

Aber ungeachtet der Einwände und Bitten wurde Adoniram hinausgezerrt und in das gefürchtete Todesgefängnis geworfen. Zusammen mit ihm wurden noch einige Engländer inhaftiert, die auch der Spionage angeklagt wurden.

Als Ann schließlich nach zwei Tagen die Erlaubnis erhielt, ihren Ehemann zu besuchen, fiel es ihr sehr schwer, tapfer zu sein. Über Nacht wurden die Füße der Gefangenen an eine Stange gebunden, die hochgezogen wurde, so dass nur noch die Schultern den Boden berührten.

»Wo ist mein Manuskript?«, fragte Adoniram heiser.

»Ich habe es unter dem Haus vergraben«, flüsterte Ann.

»Dort werden sie zuerst danach suchen!«

Ann schaute gedankenverloren an die Wand. Plötzlich sagte sie: »Mach die keine Sorgen. Ich habe einen Plan.«

Beim nächsten Besuch im Gefängnis brachte Ann ihrem Mann ein Kopfkissen mit – ein hartes verbeultes Kissen, das keiner der anderen Häftlinge würde haben wollen. Sie lächelten sich verstohlen an.

Während der nächsten elf Monate besuchte Ann ihren Mann so oft sie konnte im Todesgefängnis. Sie brachte die kleine Maria mit. Das Baby war geboren worden, als ihr Vater schon im Gefängnis war. Aber eines Tages fand Ann die Zelle im Gefängnis leer. Niemand wusste, wohin die Gefangenen gebracht worden waren.

Als Adoniram in Ketten zu einem neuen Gefängnis marschieren musste, war er zutiefst mutlos und traurig. Die Wärter hatten ihm nicht erlaubt, sein kostbares Kopfkissen mitzunehmen. Sie hatten es auf den Müllhaufen geworfen. Dreizehn Jahre Arbeit einer Bibelübersetzung – im Müll!

Schließlich wurde Adoniram vom König begnadigt, weil er helfen sollte, den Friedensvertrag zwischen England und Burma zu übersetzen. Dann durfte er zu seiner Familie zurückkehren. Adoniram war glücklich, wieder mit Frau und Kind zusammen zu sein – aber er war völlig entmutigt.

»Alles ist verloren«, klagte er, »wir werden wieder ganz von vorn anfangen müssen.«

Ann lächelte nur. Langsam legte sie ein hartes verbeultes Kopfkissen in Adonirams Hände. Ihm stand vor Staunen der

Mund offen. Das Manuskript war noch im Kissen – völlig unversehrt. Ein burmesischer Christ hatte das Kissen auf dem Müllhaufen liegen sehen und brachte es sicher nach Hause.

Nun würden die Burmesen Gottes Wort in ihrer Landessprache lesen können.

 **Ausharren bedeutet, die Aufgabe, die Gott dir gegeben hat, zu erfüllen, auch wenn das Leiden einschließt.**

 *Nicht allein aber das, sondern wir rühmen uns auch in den Bedrängnissen, da wir wissen, dass die Bedrängnis Ausharren bewirkt, das Ausharren aber Bewährung, die Bewährung aber Hoffnung (Röm. 5,3+4).*

1. Warum war Adonirams Arbeit der Bibelübersetzung vom Englischen in die burmesische Sprache so wichtig?
2. Was waren wohl Adonirams Gefühle, als er monatelang gefangen war und absolut nichts an missionarischer Arbeit tun konnte? Was tat Gott in dieser Zeit?
3. Gibt es etwas, von dem du weißt, dass du es für Gott tun sollst, was du aber nicht tust, weil du entmutigt bist und am liebsten aufgeben möchtest? Was könnte dir helfen, in solchen Zeiten durchzuhalten?

Vergebung
Friedensvertrags-Feierlichkeiten

Der Krieg zwischen Burma und England war vorbei! Adoniram und Ann Judson waren geschwächt durch all das Leid in den vergangenen zwei Jahren. Erschöpft reisten sie nun den Irrawaddy Fluss hinunter, zurück nach Rangoon.

»Ich bin gespannt, ob die kleine Gemeinde den Krieg überstanden hat«, sagte Adoniram.

Ein Stück weiter flussabwärts ruderten die burmesischen Matrosen zum Ufer. Sie waren im britischen Militärlager angekommen. Die Truppe bereitete sich auf den Abzug aus Burma vor. Sir Archibald Campbell begrüßte die beiden amerikanischen Missionare, als sie vom Boot stiegen.

»Willkommen«, rief der General. »Ich gebe heute Abend ein Festessen für die burmesischen Staatsbeamten, die den Friedensvertrag unterzeichnet haben. Sie beide werden meine Ehrengäste sein.«

Obwohl die Judsons während des Krieges völlig neutral gewesen waren, tat es doch gut, so zuvorkommend behandelt zu werden. Anstelle einer verdreckten Gefängniszelle führte man sie hier in ein komfortables Zelt. Anstelle von ruppigen Wärtern, die sich um nichts kümmerten, waren die britischen Offiziere bemüht, ihnen jeden Wunsch zu erfüllen. Die Soldaten fühlten sich geehrt, dass eine so tapfere Frau wie Ann Judson ihr Lager besuchte. Sie hatten viele Geschichten darüber gehört, wie treu sie ihren inhaftierten Ehemann im Gefängnis besucht und wie sie mutig für seine Freilassung gekämpft hatte.

Am Tage des Festmahles spielte die Kapelle. Flaggen wehten. Anns Augen strahlten. Was für ein wunderschönes Fest. Als sie jedoch am Arm des Generals den Saal betrat, sah einer der burmesischen Offiziere plötzlich aus, als würde er am liebsten im Boden versinken.

Das war die zarte Frau, die er einmal für Stunden hatte warten lassen. Sie war gekommen, ihn um Hafterleichterung für ihren kranken, gefangenen Mann zu bitten. »Nein«, hatte er barsch abgelehnt. Als sie sich umdrehte, um zu gehen, sagte er noch: »Warten Sie. Geben Sie mir ihren Seidenschirm. Meine Frau findet ihn so hübsch.«

»Ach bitte, nein«, hatte Ann erwidert. »Ich brauche den Schirm gegen die Sonne. Es geht mir nicht gut. Ich habe Angst, auf dem Weg nach Hause ohnmächtig zu werden.«

Aber der Offizier hatte nur gelacht und ihr den Schirm weggenommen.

Nun stand sie hier – ein Ehrengast des britischen Generals, der gerade den Krieg gewonnen hatte! Sicher würde sie auf Rache sinnen. *Er* würde schließlich auch so handeln, wenn jemand ihn so gedemütigt hätte.

Aber zu seiner Überraschung kam Ann Judson auf ihn zu. »Keine Angst«, sagte sie, »ich hege keinen Groll gegen Sie. Entspannen Sie sich und genießen Sie dieses wunderbare Festmahl.«

Aber der Mann konnte sich nicht entspannen. Während des ganzen Essens wartete er darauf, dass Ann die Soldaten rufen würde, die ihn nach draußen bringen und dort erschießen würden. Aber nichts geschah. Kopfschüttelnd verließ er das Festmahl. »Ich verstehe diese Christen nicht«, murmelte er, »sie vergeben ihren Feinden.«

Vergeben bedeutet, keine Vergeltung zu suchen, auch wenn man dich schlecht behandelt hat.

Aber euch, die ihr hört, sage ich: Liebt eure Feinde, tut wohl denen, die euch hassen, segnet, die euch fluchen, betet für die, die euch beleidigen (Lk. 6,27+28).

1. Warum bekam der burmesische Offizier solche Angst, als er plötzlich Ann bei der Feier entdeckte?
2. Was meinst du, warum konnte Ann diesem Mann vergeben?
3. Gibt es jemanden, der dich unfreundlich behandelt hat? Was würde geschehen, wenn du diese Person freundlich behandelst? Bitte Gott um den Mut, diesem Menschen zu vergeben.

Georg Müller

Ein Mann des Glaubens

Am 27. September 1805 wurde Georg Müller in Kroppenstadt geboren. Doch bereits im Alter von sechzehn Jahren landete er im Gefängnis. Er hatte das Geld seines Vaters beim Trinken und Spielen vergeudet.

Als sein Vater die Nachricht bekam, wurde er wütend. Er hatte eine gute Ausbildung bezahlt, in der Hoffnung, sein Sohn würde evangelischer Pfarrer werden. Aber als Georg das Elternhaus verließ, um auf die Schule zu gehen, wurde er ein Schürzenjäger.

Das Gefängnis besserte ihn kein bisschen. Kaum auf freiem Fuß, ging er dem alten Leben wieder nach. Dann brachte ihn eines Tages ein Freund dazu, ihn zu einem Gebetstreffen und Bibelabend zu begleiten. Dort übergab Georg Müller sein Leben dem Herrn Jesus Christus.

1829 siedelte er nach England über und ließ sich dort auf dem Lande nieder. Er trat der Plymouth Brethren Kirche bei und wurde Prediger. Seine Predigten waren so mitreißend, dass die kleine Versammlung bald von 18 auf 227 Gemeindemitglieder anwuchs.

Müller kam zu der Überzeugung, dass er für das Geld, das er brauchte, zum Herrn beten sollte, statt Menschen darum zu bitten.

Im Jahre 1835 eröffnete Georg Müller in Bristol ein Waisenhaus für arme Kinder. Bis dahin wurden nur reiche Kinder in Englands wenigen Waisenhäusern aufgenommen. Arme Kinder wurden auf den Straßen sich selbst überlassen oder in grausame Arbeitshäuser gesteckt.

Georg Müller hatte zwei Gründe, die Waisenhäuser zu eröffnen: Er wollte für die Kinder sorgen und er wollte zeigen, dass Gott die Bedürfnisse eines jeden Menschen stillt, der sich einzig und allein auf Ihn verlässt.

Als das Haus in Bristol überfüllt war, gebrauchte Müller Geld, das Gott ihm schenkte, um ein Gebiet namens Ashley Downs vor den Toren der Stadt zu erwerben. Dort wurden fünf große Gebäude errichtet, in denen zweitausend Kinder gleichzeitig eine Heimat fanden.

Und genauso, wie Müller geglaubt hatte, sorgte Gott auf wunderbare Weise für alles, angefangen beim Essen bis hin zum Geld für die Bauarbeiten.

Als Georg Müller am 10. März 1898 starb, hatte er bis zu diesem Tag mehr als zehntausend Jungen und Mädchen eine Heimat, Erziehung und Ausbildung gegeben.

Glaube
Frühstück vom Himmel

Abigail Townsend war keine Waise, aber als ihre Familie nach Bristol in England umzog, entwickelte sich zwischen ihrem Vater und Georg Müller eine enge Freundschaft. Abbie war oft mit ihrem Vater draußen in Ashley Downs, um das Waisenhaus zu besuchen. Den warmherzigen Gentleman, der das Waisenhaus leitete, gewann sie sehr lieb.

Eines Morgens nahm Georg Müller Abbie an der Hand und sagte: »Komm und schau, was unser Vater im Himmel heute für uns tun wird.«

Er führte sie in einen langen Speisesaal. Dort gab es gedeckte Tische, aber es gab kein Essen. Auch in der Küche gab es kein Essen und es gab auch kein Geld, um Lebensmittel zu kaufen. Aber die Waisenkinder standen hinter ihren Stühlen und warteten geduldig auf den Beginn des Frühstücks.

»Kinder«, sagte Müller, »es ist bald Zeit für die Schule, also lasst uns beten. Lieber Vater, wir danken dir für das, was du uns heute zu essen geben wirst.«

In diesem Moment klopfte es an der Tür und dort stand der Bäcker des Ortes. »Mr. Müller«, begann er, »ich konnte letzte Nacht nicht schlafen. Irgendwie fühlte ich, dass Sie hier kein Brot zum Frühstück haben und der Herr wollte, dass ich Ihnen welches schicke. Also stand ich um zwei Uhr auf und backte einige frische Brote für Sie.«

Georg Müller dankte dem Bäcker und pries Gott für seine Fürsorge. »Kinder«, sagte er, »wir haben nicht nur Brot, sondern Gott schenkt uns den seltenen Genuss von *frischem* Brot.«

Kurz danach klopfte es erneut an der Tür. Diesmal war es der Milchmann, dessen Kutsche genau vor dem Waisenhaus steckengeblieben war. »Ich muss den Wagen leeren, ehe ich ihn reparieren kann. Könnten die Kinder ein paar Kannen frische Milch gebrauchen?«

Dort konnte die kleine Abbie mit eigenen Augen sehen, wie Gott die Kinder mit frischer Milch und Brot versorgte.

»Ich wünschte, Gott würde meine Gebete so erhören wie Ihre, Mr. Müller«, sagte sie.

»Oh, das wird Er tun«, antwortete Georg Müller. »Du musst Ihn nur bitten. Nun, was möchtest du denn?«

»Ein bisschen Wolle«, sagte Abbie lächelnd.

»Gut, dann wollen wir beten.« Und Müller half ihr, ein kurzes Gebet zu sprechen.

Nach einer Weile kam Abbie zurückgerannt. »Ich möchte nochmal beten«, sagte sie.

»Gott hat dich beim ersten Mal schon gehört, Kind. Du musst Ihn nicht belästigen.«

»Aber ich habe vergessen, Ihm zu sagen, welche Farbe ich möchte«, wandte sie ein. Er setzte sie auf seine Knie und antwortete: »Du hast recht. Du solltest Gott ganz genau sagen, was du möchtest.«

»Bitte Gott«, betete Abbie, »schick gemischte Farben.« Dann sprang sie herunter und rannte davon zum Spielen.

Am nächsten Morgen kam ein Päckchen für Abigail. Ihre Sonntagsschullehrerin hatte Abbies Geburtstag vergessen und schickte nun ein verspätetes Geschenk – das aus gemischtfarbigem Wollgarn bestand.

Glauben beinhaltet das Vertrauen, dass Gott deine Gebete hört und auch beantwortet.

Und alles, was immer ihr im Gebet glaubend begehrt, werdet ihr empfangen (Mt. 21,22).

1. Warum dankte Georg Müller Gott schon für das Frühstück, als auf den Tischen und in der Küche noch kein Essen war?
2. Wie beantwortete Gott Abbies Gebet?
3. Entsprechen Gottes Antworten auf unsere Gebete immer genau dem, was wir uns wünschten? Sprich darüber, wie Gott in deinem Leben auf Gebete geantwortet hat.

Güte
Das unwillkommene Geschenk

Eines Tages schickte ein großherziger Mann Georg Müller einen Scheck über hundert Pfund (zu jener Zeit ungefähr tausend Mark). Im beiliegenden Brief standen die Worte: »Ich denke, dass es richtig ist, dass Sie mit ein wenig Geld versorgt werden. Obwohl dies erst ein Anfang ist, hoffe ich doch, dass noch andere gute Christen etwas dazulegen und so eine Art Fonds entsteht, der Sie und Ihre Familie unterstützt.«

Aber Georg Müller war nicht der Meinung, dass Gott so etwas gefallen würde. Im Gegenteil, er spürte, dass dies eine Versuchung war, anstelle auf Gott auf ein Bankkonto zu vertrauen. Aber er wusste, dass der Mann sein Geschenk nicht als Versuchung gemeint hatte und sein Antwortschreiben war dankbar und freundlich.

»Mein lieber, werter Herr«, schrieb Müller, »haben Sie Dank für Ihren freundlichen Brief und den Scheck. Allerdings haben weder meine Frau noch ich irgendwelches Eigentum. Auch habe ich während der letzten sechsundzwanzig Jahre kein reguläres Einkommen gehabt. Wenn ich etwas brauche, falle ich auf die Knie und bitte Gott, es mir zu geben. Er legt es dann dem einen oder anderen aufs Herz, mir zu helfen.

Auf diese Art sind all meine Bedürfnisse während der letzten sechsundzwanzig Jahre gestillt worden. Zur Ehre Gottes kann ich sagen, dass es mir nie an etwas fehlte. Meine Frau und unsere einzige Tochter stimmen mir zu. Wir möchten diese Art zu leben nicht aufgeben. Im Gegenteil, wir finden mit jedem Tag mehr Gefallen daran.

Ich habe niemals für mich oder meine Familie etwas gespart oder Vorsorge für die Zukunft getroffen, außer dass wir auf Gott vertrauen. Sehen wir jemanden, der Not leidet – eine alte Frau, einen Kranken oder ein hilfloses Kind – geben wir von dem, was wir gerade haben, gerne ab. Ich weiß, dass Gott später, wenn ich in Not bin, für mich sorgen wird. Ich brauche mich nicht selbst darum zu kümmern, außer, dass ich alles Vertrauen auf Ihn setze.

Deshalb ist es mir nicht möglich, Ihr gutgemeintes Vorhaben, einen Fonds zu unserer Unterstützung, anzunehmen und sende Ihren Scheck zurück.

Alles, was mir für die Arbeit an Gottes Werk gegeben wird, kann ich dankbar annehmen, um es so zu verwenden, wie Gott es möchte. Aber Ihr Geschenk schien dahin zu führen, mich von Gottes täglicher Fürsorge unabhängiger zu machen. Wenn ich es annehmen würde, könnte es mich vielleicht dazu verleiten, dem Bankkonto mehr zu vertrauen als Gott.

Trotzdem danke ich Ihnen sehr herzlich für Ihre Güte und bete, dass Gott Sie reich segnen möge. In herzlicher Verbundenheit, Ihr Georg Müller.«

Güte bedeutet auch, keinen Menschen zu verletzen, der dir Gutes tun möchte.

Euer Wort sei allezeit in Gnade, mit Salz gewürzt; ihr sollt wissen, wie ihr jedem einzelnen antworten sollt! (Kol. 4,6).

1. Was sollte Georg Müller mit dem geschenkten Geld anfangen?
2. Warum gab Georg Müller das Geld zurück? Welche Art zu leben hielt er für besser?
3. Kannst du dich an eine Begebenheit erinnern, als jemand dir etwas schenken wollte oder dich zu etwas einladen wollte, von dem du wusstest, das würde nicht gut für dich sein? Wie hast du reagiert?

Vertrauen
Wird der Kessel explodieren?

Gewöhnlich erzählte Georg Müller nur Gott von seinen Bedürfnissen. Nachher berichtete er dann den Menschen, wie wunderbar Gott ihm geholfen hatte.

Eines Freitagnachmittags jedoch berichtete Müller schon vor Gottes Antwort von einem Notfall. »Dies ist ein Notfall, bei dem kein Mensch uns helfen kann«, teilte er beim Mittagessen mit. »Deshalb erzähle ich euch Kindern schon davon, *bevor* Gott geantwortet hat. Ich möchte, dass ihr alle betet.«

»Der Dampfofen in Haus Nummer eins hat plötzlich eine undichte Stelle. Es ist ein schlimmes Loch und bald kommt der Winter. Wenn wir es nicht reparieren, dann wird der Ofen nicht richtig heizen und die kleinen Kinder dort werden frieren. Noch schlimmer ist allerdings Folgendes: Wenn der Kessel austrocknet, könnte er explodieren.«

Müller fuhr fort zu erklären, dass die Mauer, die um den Ofen stand, es unmöglich machte, einfach eine Reparatur vorzunehmen, ohne vorher die Wand abzureißen. Ein solches Projekt würde mehrere Tage dauern.

»Die Reparaturarbeiten werden nächsten Mittwoch beginnen«, erklärte er. »Aber, wie ihr seht«, er zeigte aus dem Fenster, »da draußen braut sich ein Sturm zusammen. Ich bitte euch, mit mir für zwei Dinge zu beten: dass Gott diesen kalten Nordwind in einen warmen Südwind umwandelt und dass Er den Arbeitern, die den Kessel reparieren, gute Ideen schenkt, damit die Arbeit schnell erledigt ist.«

Das passierte am Freitag. Samstag und Sonntag pfiff der kalte

Nordwind sogar noch ärger. Montag und Dienstag brachten keine Besserung. Tatsächlich sah der Himmel am Dienstagabend so aus, als würde es jeden Moment anfangen zu schneien und der Wind heulte.

Am nächsten Morgen wurden die Kinder vom warmen Sonnenschein geweckt. Der Wind blies aus dem Süden! Es schien eher Frühling als Winteranfang zu sein.

Das ganze Waisenhaus war voller Aufregung, als die Handwerker mit ihren Werkzeugen und Ersatzteilen eintrafen. Beim Frühstück dankte Georg Müller Gott für das Wetter ebenso wie für das Essen. »Er ist ein treuer Vater«, erinnerte er die Kinder, »besonders für die, die keinen Vater haben.«

Die Arbeit ging schnell voran, als die Männer die Wand mit ihren Vorschlaghämmern und Brechstangen einrissen. Bis zum Mittag hatten sie die undichte Stelle gefunden. »Ich denke, wir können hier eine neue Platte aufnieten und den Kessel so retten«, sagte der Vorarbeiter. »Aber es wird einen weiteren Tag dauern, diese Wand wieder aufzubauen.«

Am Nachmittag jedoch kam den Arbeitern eine Idee. »Wir haben uns unterhalten«, sagte der Vorarbeiter. »Wir würden lieber die ganze Nacht durcharbeiten. Diese Kinder brauchen doch die Wärme, also können wir genau so gut durcharbeiten.«

Gott hatte nicht nur das kalte Wetter ferngehalten, sondern Er hatte den Arbeitern wirklich »gute Ideen« geschenkt, bis die Arbeit beendet war. Nicht ein Kind bekam eine Erkältung.

Vertrauen bedeutet zu wissen, dass Gott sich um dei-ne Bedürfnisse kümmern wird.

Indem ihr alle Sorge auf ihn werft. Denn er ist besorgt für euch (1. Petr. 5,7).

1. Warum berichtete Georg Müller den Kindern von dieser Notlage, bevor Gottes Antwort da war?
2. Um welche beiden Dinge beteten Müller und die Kinder?
3. Welche Sache brauchst du, die nur Gott dir geben kann?

David Livingstone
Pioniermissionar in Afrika

David Livingstone wurde am 19. März 1813 auf einer kleinen Insel vor der Küste Schottlands geboren. Er wuchs in einem christlichen Elternhaus auf. Sein Vater hatte eine kleine Teehandlung.

Nach Abschluss seines Medizinstudiums an der Universität von Glasgow ging er 1840 mit der Londoner Gesellschaft für Mission nach Südafrika. Was er dort vorfand, beunruhigte ihn sehr.

Die Missionsstationen schienen mehr daran interessiert zu sein, für Großbritannien bequeme Stützpunkte einzurichten, als die Einwohner Afrikas mit dem Evangelium zu erreichen. Einige Missionare hatten sogar rassistische Ansichten. Sie waren der Meinung, dass Afrikaner am besten als Diener und Feldarbeiter zu gebrauchen wären. Livingstone dagegen meinte, dass afrikanische Christen mit dem richtigen Training weitaus besser geeignet wären, ihre Landsleute zu missionieren, als die Engländer.

Livingstone lernte schnell einige afrikanische Dialekte und machte sich mit den Gebräuchen der Einheimischen vertraut. Kurz nach seiner Hochzeit mit Mary Moffat im Jahr 1844 machten sich die Livingstones auf, eine neue Missionsstation aufzubauen. Von dort aus wollte er tief ins Landesinnere reisen, wo die Leute noch nie das Evangelium gehört hatten.

Doch nach kurzer Zeit merkte er, dass er weder ein guter Prediger noch ein Evangelist war. Gott hatte ihn als Pionier vorgesehen. Er sollte das Land erforschen und neue Gebiete vorbereiten, wohin andere Missionare folgen konnten. Dies tat er auf drei langen Reisen.

Am 30. April 1873 starb Livingstone. Chuma und Susi, zwei seiner treuen afrikanischen Freunde, balsamierten seine Leiche ein und brachten sie zur Küste. Chuma reiste mit dem Leichnam nach England, wo Livingstone mit großem Zeremoniell beigesetzt wurde. Chuma lernte die Königin kennen und berichtete in England von David Livingstones Reisen und Expeditionen.

Dankbarkeit
Angriff eines Löwen

Als David Livingstone in Afrika eintraf, arbeiteten die meisten Missionare im Küstenbereich. »Hier sind zu viele Missionare«, sagte er. »Ich werde dahin gehen, wo die Menschen noch niemals von Gottes guter Nachricht gehört haben.«

Die verantwortlichen Missionare dachten, der junge Livingstone hätte zu hochfliegende Pläne. Einer dieser Pläne war beispielsweise, gläubig gewordene Afrikaner zu Missionaren auszubilden.

»Wenn nur Weiße predigen, werden die Afrikaner denken, wir reden nur von unseren komischen europäischen Sitten und Gebräuchen«, meinte Livingstone. »Aber wenn ihre eigenen Leute ihnen von Jesus erzählen, werden sie die Wahrheit erkennen.«

Aber die Missionsgesellschaft wollte keine afrikanischen Missionare unterstützen, also brachte David Livingstone das benötigte Geld selbst auf. Als er endlich die Erlaubnis erhielt, im Gebiet von Mabotsa zweihundert Meilen landeinwärts zu missionieren, begleitete ihn ein afrikanischer Lehrer namens Mebalwe.

Schon drei Monate lang arbeiteten Livingstone und seine Freunde an der Errichtung einer neuen Missionsstation. Eines Tages hörten sie von Löwen, die in einem nahegelegenen Dorf Kühe fressen würden.

»Normale Löwen greifen bei Tag nicht an«, sagten die Dorfbewohner. »Diese Löwen müssen vom Teufel besessen sein!« Sie hatten große Angst, die Löwen anzugreifen.

»Habt keine Angst«, sagte Livingstone und unterbrach seine Arbeit. »Mebalwe, komm mit mir. Wenn ich einen der Löwen erschieße, wird das die anderen verjagen.«

Und tatsächlich: Kurz nachdem sie angekommen waren, stürzte sich einer der Löwen frech in eines der Gehege. Livingstone hob sein Gewehr und feuerte aus beiden Läufen. Der Löwe wurde zurückgeschleudert und fauchte. Hastig lud Livingstone nach.

Plötzlich schrie Mebalwe laut auf. Livingstone sah auf und sah den Löwen schon auf sich zuspringen. Die gewaltigen Kiefer gruben sich in seine Schulter und zermalmten den Knochen. Beide, Mann und Raubkatze, landeten im Staub.

Als der Löwe wieder auf die Beine kam, schüttelte er Livingstones Körper wie eine Stoffpuppe. Livingstone schoss nur ein Gedanke durch den Kopf: »Welchen Teil von mir wird er wohl zuerst fressen?«

Mebalwe hob seine Waffe, schoss aber vorbei. Der Löwe aber ließ sofort von Livingstone ab, griff den Afrikaner an und grub seine Zähne tief in dessen Oberschenkel. Als ein weiterer Mann versuchte, das Tier abzulenken, wandte es sich um, griff auch ihn an – und fiel plötzlich tot zu Boden, als zwei Patronen aus Livingstones Büchse endlich ihr Ziel erreichten.

Keine Frage, dass die anderen Löwen jetzt wegrannten und nicht zurückkamen. Aber Livingstone und Mebalwe waren schwer verletzt. Eine schwierige Zeit lag nun vor der neu gegründeten Missionsstation. Aber Livingstone schrieb an seinen Vater in Schottland und pries voll Dankbarkeit Gott, der ihn aus dieser großen Gefahr errettet hatte.

Obwohl Livingstone nun durch seine Verletzungen nicht beim Bau der benötigten Häuser mithelfen konnte, überwachte er doch die Arbeiten, bis alles fertig war. Doch er brauchte noch mehr Ruhe. Er ließ Mebalwe in der neuen Station zurück und reiste zurück zum Hauptstützpunkt. Dort pflegte ihn eine junge Frau namens Mary Moffat gesund. Sie war die Tochter von Robert Moffat, dem Leiter der Mission und gut bekanntem Bibelübersetzer. Sie bewunderte diesen rauen jungen Missionar, der keine Angst davor hatte, in Gebiete vorzudringen, in die noch nie zuvor ein Weißer einen Fuß gesetzt hatte. Und er war von ihrer sanften, geradlinigen Art beeindruckt. Livingstone fragte sie, ob sie ihn heiraten wollte und Mary sagte ja. Und nicht nur das, sie war auch bereit, mit ihm zurück zur Mabotsa Mission zu gehen.

David Livingstone stellte fest, dass er viele Gründe hatte, dankbar zu sein – sogar nach dem Angriff eines Löwen!

 **Dankbarkeit bedeutet, Gottes Güte zu sehen, auch wenn schlimme Dinge geschehen.**

 *Wir wissen aber, dass denen, die Gott lieben, alle Dinge zum Guten mitwirken, denen, die nach seinem Vorsatz berufen sind (Röm. 8,28).*

1. Warum wollte David Livingstone Afrikaner dazu ausbilden, das Evangelium zu verbreiten?
2. Warum hätte er schnell mutlos werden können? Warum fühlte Livingstone stattdessen nur Dankbarkeit?
3. Was geschieht, wenn wir bewusst nach Gründen suchen, dankbar zu sein, auch wenn etwas Schlimmes passiert ist?

Demut

»Livingstones Kinder«

David Livingstone war ein begeisterter Entdecker! Auf seiner zweiten großen Expedition reiste er von der Ostküste Afrikas den Sambesi hinauf. Sorgen bereitete ihm die Entwicklung des Sklavenhandels in diesem Gebiet. Portugiesische Handelsleute ermutigten an der Küste lebende Afrikaner, die wegen ihrer roten Hüte »Red Caps« genannt wurden, tief ins Landesinnere zu reisen und Sklaven zu kaufen.

Sklavenhandel war unter den afrikanischen Stämmen nichts Ungewöhnliches, aber es gab wenige Sklaven. Die »Red Caps« wiegelten nun die einzelnen Stämme gegeneinander auf, umso die Anzahl der Sklaven zu erhöhen. Stammeskriege bedeuteten nämlich nichts anderes als Übergriffe von einem Dorf auf ein anderes und umgekehrt. Es wurden viele Gefangene gemacht. Die »Red Caps« kauften dann diese Gefangenen als Sklaven – von beiden Seiten. Wann immer David Livingstone auf eine Gruppe von Sklaven traf, befreite er sie und jagte die »Red Caps« davon. Einige der befreiten Sklaven entschlossen sich dazu, in Livingstones Missionsstation zu bleiben.

Aber der üble Menschenhandel blieb bestehen. »Ich muss in die Berge vordringen und das Evangelium zu den Menschen bringen, die noch nie davon gehört haben«, beschloss Livingstone. »Wenn sie Christen geworden sind, werden sie nicht mehr so schnell bereit sein, Krieg zu führen. Und wenn ich sie dazu bringen kann, Nutzpflanzen anzubauen, können sie ihre Ernten verkaufen und werden keinen Grund mehr haben, Sklaven zu verkaufen.«

Das schien ein guter Plan zu sein. Seine Begabung, schnell Sprachen zu lernen und sein tiefer Respekt vor dem afrikanischen Volk und ihrer Eigenart halfen ihm auf seiner Reise in ein Gebiet, das noch nie ein Weißer betreten hatte. Dort gab es keine Sklavenhändler. Er sprach mit Menschen, die seit Generationen jeden Fremden – egal ob schwarz oder weiß – von ihrem Land ferngehalten hatten.

Dann traf er eines Tages auf eine Sklavenkarawane, in der auch einige Mitglieder dieser Stämme gefangen waren. Nachdem er die »Red Caps« verjagt und die Sklaven befreit hatte, fragte er: »Wie sind diese Leute zu euch gekommen? Ihr lasst doch keine Fremden in euer Dorf.«

»Sie sagten, sie seien ›Livingstones Kinder‹«, berichteten die Dorfbewohner traurig. »Deshalb vertrauten wir ihnen und ließen sie ein.«

Livingstone war bestürzt. Er hatte hart gearbeitet, um diese Menschen zu erreichen. Jetzt war er ihr Freund und hatte dadurch, ohne es zu wollen, den Weg für betrügerische Menschenhändler geebnet. Das hatte er am allerwenigsten gewollt.

Er wurde zornig und dann packte ihn die Verzweiflung. Was konnte er noch tun? Er hatte versagt. Nein, es war mehr als Versagen – er hatte die ganze Situation noch verschlimmert!

Viele Menschen hätten an diesem Punkt wohl aufgegeben und wären nach Hause gefahren. Aber David Livingstone gab nicht auf. Er hielt sich nicht für unfehlbar. Also gab er nicht auf.

Voll Demut setzte er seine Arbeit fort. Er verbreitete die Gute Nachricht, wo er nur konnte, befreite Sklaven und ermutigte die Menschen, mit Waren anstelle von Sklaven zu handeln. Fünfzehn Jahre nach seinem Tod wurde der Sklavenhandel aufgegeben. Sein Plan hatte am Ende Erfolg. Auch nach ersten Fehlschlägen war er nicht zu stolz gewesen, das, was er als richtig erkannt hatte, weiter zu tun.

Demut ist die Fähigkeit, auch Fehler anzuerkennen und daraus lernen zu können.

Denn ich sage durch die Gnade, die mir gegeben wurde, jedem, der unter euch ist, nicht höher (von sich) zu denken, als zu denken sich gebührt, sondern darauf bedacht zu sein, dass er besonnen sei, wie Gott einem jeden das Maß des Glaubens zugeteilt hat (Röm. 12,3).

1. Wie beschafften sich die »Red Caps« ihre Sklaven?
2. Was war Livingstones Plan, um den Sklavenhandel zu stoppen?
3. Kannst du dich an eine Begebenheit erinnern, bei der du nach einem Fehler am liebsten aufgegeben hättest. Was geschah, als du nicht aufgabst oder was wäre geschehen, wenn du aufgegeben hättest?

Hingabe

»Doktor Livingstone, nehme ich an.«

Davids Livingstones Ziel bei seiner dritten Expedition war es, die Quelle des Nils zu entdecken. Afrikaner sagten, der Nil entspränge einem riesigen See in Zentralafrika. Und wieder machte sich Livingstone auf in Gebiete, die den Weißen bis dahin völlig unbekannt waren.

Aber die Jahre vergingen und niemand hörte etwas über den Verbleib David Livingstones. Schließlich vermuteten die Leute, er sei tot. Auch Henry Morton Stanley, ein erfahrener und weitgereister Zeitungsjournalist, dachte, dass Livingstone vermutlich tot sei. Aber sein Chef beim *New York Herold* war anderer Ansicht.

»Die Kosten spielen keine Rolle«, sagte er, »ich möchte, dass Sie David Livingstone finden oder beweisen, dass er tot ist. So oder so wird die Story der absolute Knüller sein und wir werden tonnenweise Zeitungen verkaufen. Los jetzt, finden Sie ihn!«

David Livingstone reiste mit einer kleinen Zahl Freunde und Mitarbeiter. Henry Stanley brach mit zweitausend Leuten nach Afrika auf.

Livingstone erbat sich immer die Erlaubnis, ein afrikanisches Königreich in Frieden durchqueren zu können, während Stanley wie eine eindringende Armee seinen Weg freikämpfte – nicht ohne Opfer. Gefechte, Krankheiten und Meuterei ließen seine Truppe binnen kurzer Zeit auf nur vierundfünfzig Mann zusammenschrumpfen. Trotzdem marschierte Stanley noch sieben Monate weiter, bis er im November 1871 zwei Schwarze kennenlernte, die ihn auf Englisch begrüßten.

»Wer sind Sie?«, fragte Stanley die beiden Männer.

»Ich bin Chuma, der Diener von Doktor Livingstone.«

»Und ich bin Susi«, sagte der andere Afrikaner.

»Wie geht es dem Doktor?«, wollte Stanley weiter wissen.

»Nicht besonders gut, Sir.«

»Dann bringen Sie mich besser schnell zu ihm.«

Henry Stanley erreichte die Stadt Ujiji am Tanganjikasee und fand David Livingstone in einer Lehmhütte. Stanley begrüßte ihn mit den mittlerweile wohlbekannten Worten: »Doktor Livingstone, nehme ich an.«

Livingstone war krank durch einen Mangel an guter Nahrung und der richtigen Medizin. Nachdem Stanley beigetragen hatte, ihn wieder gesund zu machen, brachen Livingstone und Stanley gemeinsam auf. Sie erforschten den nördlichen Teil des Tanganjikasees, fanden aber nicht die Quelle des Nils. Henry Stanley versuchte nun, den Doktor zur Rückkehr nach England zu bewegen.

»Nein«, sagte Livingstone, »ich habe hier noch eine Arbeit zu erledigen.« (Die Nilquelle fand er nie. John Hanning Speke entdeckte später, dass der Nil dem Viktoriasee entspringt, viele Meilen weiter nordöstlich.) Wieder versuchte Stanley, den alten Doktor zu überreden, aufzugeben und in die Heimat zurückzukehren.

»Mein Herz ist in Afrika«, antwortete Livingstone. »Ich liebe die Menschen hier. Aber ich schicke diese Briefe mit Ihnen nach England.«

Wenig später reiste Henry Stanley zurück nach Amerika und wurde berühmt durch seine Berichte über das Aufspüren Doktor Livingstones.

Livingstone selbst erforschte Afrika noch zwei Jahre lang zusammen mit Susi und Chuma, der zwanzig Jahre zuvor aus den Händen der »Red Caps« gerettet worden war. Als er starb, begruben seine treuen Freunde sein Herz unter einem Baum, weil »sein Herz in Afrika« war. Dann balsamierten sie seinen

Körper mit Kräutern ein und wickelten ihn in Leinwand. Chuma brachte den Leichnam nach England zum offiziellen Begräbnis.

 **Hingabe bedeutet, sein Leben ganz einer von Gott gegebenen Aufgabe zu weihen.**

 *Deshalb lasst nun auch uns, da wir eine so große Wolke von Zeugen um uns haben, jede Bürde und die (uns so) leicht umstrickende Sünde ablegen und mit Ausdauer laufen den vor uns liegenden Wettkampf (Hebr. 12,1).*

1. Wie unterschied sich Livingstones Art, das Land zu erforschen, von der Stanleys?
2. Warum wollte Livingstone nicht mit Henry Morton Stanley nach England zurückkehren?
3. Erzähle von einer sehr schweren Aufgabe, die du bis zum Ende durchgestanden hast.

Florence Nightingale
Eine geborene Krankenschwester

Florence Nightingale wurde in eine reiche britische Familie hineingeboren und zwar am 12. Mai im Jahre 1820. Sie hatte alle nur denkbaren Privilegien: schöne Kleidung, Parties, Schule, Diener, Pferde … aber sie langweilte sich und war mit ihrem Leben unzufrieden. Sie wollte etwas Nützliches tun.

Im Alter von 16 Jahren schrieb sie folgendes in ihr Tagebuch: »Am 7. Februar sprach Gott mich an und rief mich in Seinen Dienst.« Welcher Dienst das sein sollte, wusste sie nicht. Aber als sie älter wurde, merkte sie, dass die Pflege der Alten und Kranken in den ärmlichen Hütten in der Nähe von Embley, dem Gut ihrer Eltern, sie ausfüllte und ihr Zufriedenheit schenkte.

1840 waren Krankenschwestern allerdings schlecht angesehen und galten als Trunkenbolde, Prostituierte und »Notstopfen für alles«. Rechtschaffene englische Frauen arbeiteten nicht in den öffentlichen Krankenhäusern. Florence war 33 Jahre alt, als sie ihre Eltern endlich überredet hatte, ihre erste Stelle als Krankenschwester in einer Privatklinik für »bessere Damen« antreten zu dürfen.

Als England und Frankreich 1854 gemeinsam den Krieg gegen Russland erklärten, wurde Florence Nightingale von der englischen Regierung beauftragt, mit einer Gruppe von Krankenschwestern auf die Krim zu reisen. Die Zustände in den Militärlazaretten waren katastrophal; es starben mehr Soldaten an Krankheiten, schlechtem Essen und verdorbenem Wasser sowie Vernachlässigung als an Verwundungen durch feindliche Waffen.

Sie lernte, dass gegen die Armeegewohnheiten anzukämpfen ein Kampf gegen Windmühlenflügel war – aber am Ende des Krim-Krieges war Florence Nightingale eine nationale Heldin. Fonds wurden eingerichtet, um den Aufbau der Nightingale-Schule für Krankenpflege in London zu unterstützen. Bis zu ihrem Tod im Jahre 1910 arbeitete sie unermüdlich, um die gesundheitliche und die medizinische Versorgung in der Armee zu verbessern. Sie wird jetzt als Begründerin des »modernen Pflegedienstes« angesehen und das nicht nur in England, sondern überall in der Welt.

Güte
Armer alter Cap

Die sechsjährige Florence Nightingale saß glücklich auf dem Rücken ihres Ponys und ritt an der Seite des ansässigen Vikars durch die englische Landschaft. Die Familie Nightingale verbrachte die meiste Zeit des Jahres auf ihrem Anwesen nahe London, aber von Juli bis Oktober wohnte man in Lea Hurst, dem Sommersitz.

Als sie eine Straße neben einer langen Wiese hinunterritten, brachte Florence ihr Pony plötzlich zum Stehen. »Sehen Sie mal, Herr Pfarrer, da stimmt etwas nicht«, sagte sie und deutete auf die wolligen Pünktchen – Schafe – überall verteilt auf der Wiese. »Die Schafe sind alle verstreut. Der alte Roger, der Hirte, kann sie nicht allein alle wieder zusammentreiben. Irgendetwas muss mit seinem Hund, Cap, nicht in Ordnung sein.«

Tatsächlich, als der Vikar und das kleine Mädchen den alten Roger schließlich fanden, schüttelte dieser traurig seinen Kopf. »Einige Jungen haben mit Steinen nach Cap geworfen und ihm einen Fuß gebrochen. Ich fürchte, ich werde ihn töten müssen.«

»Oh, nein!«, rief Florence. »Wo ist er? Wir müssen etwas tun und ihm helfen!«

Der alte Schafhirte zeigte auf einen Unterstand in der Nähe. »Aber du kannst nichts für ihn tun, Fräuleinchen. Es wird besser sein, wenn ich ihn von seinen Schmerzen erlöse.«

Florence trieb ihr Pony zum Galopp an. Wenige Minuten später saß sie neben dem verletzten Collie, der auf dem Boden lag. »Ach, Herr Pfarrer, können wir denn gar nichts tun?«, weinte sie und streichelte sachte den Kopf des Hundes.

Der Vikar kniete nieder und untersuchte vorsichtig das verletzte Bein. »Ich glaube nicht, dass das Bein gebrochen ist, nur ein schlimmer Bluterguss. Mir einem bisschen guter Pflege wird er durchkommen.«

Der Vikar und die kleine Florence holten heißes Wasser und wickelten heiße Umschläge um das verletzte Bein. Als der alte Roger am Abend kam, um ihn zu töten, wedelte Cap mit dem Schwanz und leckte ihm die Hand.

»Sehen Sie? Es geht ihm schon viel besser!«, rief Florence. »Bitte! Lassen Sie mich ihn pflegen – ich werde jeden Tag kommen und mich um alles kümmern.«

Sie stand zu ihrem Wort. Treu kam sie jeden Tag, saß bei dem Hund, linderte die Schmerzen mit heißen Verbänden und gab ihm Futter und Wasser. Als Cap schließlich wieder auf seinen vier Beinen stand, konnte sie ihre Freude kaum zügeln. Jahre später, als Florence Nightingale durch ihre aufopfernde Pflege, mit der sie das Leben vieler Verwundeter während des Krim-Krieges gerettet hatte, im ganzen Land bekannt war, schrieb ihr der Vikar, jetzt ein alter Mann, einen Brief:

»Ich überlege, ob Sie sich noch erinnern, wie Sie vor vielen Jahren zusammen mit mir den Tod von Cap, dem Schäferhund des alten Roger, verhindert haben. Ich erinnere mich an die Freude, die es für Sie bedeutete, das Leben dieses armen Hundes zu retten. Ich war dankbar, das miterleben zu dürfen. Für mich war es kein Omen für das, was Sie tun würden, wenn Sie erwachsen sein würden – ich hätte nicht im Traum daran gedacht! –, aber es war ein Zeichen dafür, dass Güte und Liebe, wie sie uns im 1. Korintherbrief, Kapitel 13, vorgestellt werden, bei Ihnen Wurzeln haben würden.«

Güte ist nicht ein Gefühl von Mitleid, sondern tätige Liebe.

Die Liebe ist langmütig, die Liebe ist gütig (1. Kor. 13,4a).

1. Was meinst du, wie fühlte sich wohl der alte Roger, als Cap nicht getötet werden musste?
2. Woran zeigte sich bei der Pflege des Hundes, was für ein Mensch Florence später einmal sein würde?
3. Wie kannst du Gefühle des Mitleids in tätige Liebe umsetzen?

Geduld
Ausgesperrt

Der scharfe Wind, der vom Bosporus her durch die Straßen pfiff, war bitter kalt. Florence Nightingale zog Kapuze und Umhang enger um ihren Körper und stapfte durch den matschigen Schnee auf das britische Militärhospital zu. Sie war erst seit zwei Monaten hier in der Türkei und versuchte die Pflege und die Versorgung von verwundeten oder kranken Soldaten während des Krieges zu verbessern. Aber viele der medizinischen Offiziere hörten sich ihre Vorschläge gar nicht an. Einige von ihnen beachteten sie nicht einmal. Manche wurden sogar unverschämt.

Trotzdem tat sie ihr möglichstes und eines versäumte sie nie: jeden Tag alle Patienten aufzusuchen, ihnen ein kühles Getränk, ein Wort des Trostes zu bringen oder anzubieten, einen Brief an die Mutter oder die Liebste zu schreiben.

Ein Junge, ungefähr zwölf Jahre alt, ging dicht an ihrer Seite. Robbie war ein Trommler gewesen, der in der Schlacht bei Alma in der Krim eine Hand verloren hatte, dort wo der Krieg quer über das Schwarze Meer geführt wurde. Da er nicht mehr für sein Regiment trommeln konnte, hatte er sich selbst den Namen »Miss Nightingales Mann« gegeben. Er begleitete sie oft auf ihrer Runde, erledigte kleine Aufträge, holte, was fehlte, kurz: Er tat alles, um ihr behilflich zu sein.

Die Straße zum Krankenhaus war dick zugefroren, aber bald kam das Gebäude in Sichtweite. »Da sind wir schon, Miss Nightingale«, sagte der Junge fröhlich, durch die kalte Luft kam sein Atem in kleinen Wolken aus seinem Mund. Er zog mit seiner gesunden Hand an der dicken Holztür – aber die Tür bewegte sich keinen Millimeter. Verwundert trat Florence vor und drückte die Klinke. Dann rüttelte sie energisch an der Tür.

»Klemmt sie fest, Miss Nightingale?«, fragte der Junge.

Florence runzelte die Stirn. »Nein, sie klemmt nicht – sie ist abgesperrt!« Sie schüttelte voller Enttäuschung den Kopf. Die britischen Offiziere wussten doch genau, dass sie die Patienten jeden Tag besuchte. Dies war ihre Art, ihr zu zeigen, dass sie nicht hierhin gehörte. Aber … sie hatte eine Aufgabe zu erfüllen. Der britische Kriegsminister hatte sie hierher geschickt. Sie war mit ihren Krankenschwestern in seinem Auftrag hier.

Es würde mehr als eine abgesperrte Tür brauchen, um sie von ihrer Arbeit abzuhalten.

»Robbie«, sagte sie, »lauf doch bitte zurück zum anderen Krankenhaus und hole einen Schlüssel, ja? Sag, dass die Tür abgeschlossen ist und ich hier stehe und warte, bis sie geöffnet wird.«

»Aber Miss Nightingale; es ist eiskalt, Sie werden erfrieren«, widersprach der Junge.

»Geh«, ordnete sie an. »Mir passiert schon nichts.«

Der Trommlerjunge stolperte los, die schrundige Straße hinunter. Stunden vergingen. Die meiste Zeit saß Florence hartnäckig auf einer Bank, die in der Nähe stand. Als ihr zu kalt wurde, marschierte sie vor der verschlossenen Tür auf und ab. Aber die Dämmerung brach schon herein, als Robbie endlich mit dem Schlüssel zurückgelaufen kam.

Als Florence den Schlüssel im Schloss drehte und die Tür aufzog, murmelte Robbie: »Sind Sie nicht ein bisschen böse? So mies behandelt zu werden – und Sie, trotzdem eine Dame!«

Florence lachte kurz auf. »Doch, Robbie, ich werde schon wütend über die Dummheit der Menschen. Aber wenn Menschen jemand kränken, dann kränken sie zuerst den Herrn, ehe sie mich treffen.«

Geduld bedeutet manchmal, das falsche Verhalten von Menschen zu ertragen, in dem Wissen, dass sie eigentlich den Herrn betrüben.

Der HERR aber sprach zu Samuel: Höre auf die Stimme des Volkes in allem, was sie dir sagen! Denn nicht dich haben sie verworfen, sondern mich haben sie verworfen, dass ich nicht König über sie sein soll (1. Sam. 8,7).

1. Warum meinst du, machten die Offiziere Florence das Leben so schwer? Sie wollte doch nur helfen.
2. Was wollte sie wohl mit dem Ausspruch sagen: »Sie kränken erst den Herrn, ehe sie mich treffen«?
3. Kennst du Menschen, die sich dir gegenüber gemein oder böse verhalten? Wie könnte es dir helfen, geduldiger mit ihnen zu sein, wenn du bedenkst, dass sie eigentlich zuallererst Gott betrüben?

Freigebigkeit
Sechs lausige Hemden

Sechs Hemden im Monat?«, rief Florence Nightingale bestürzt. Über tausend kranke und verwundete Soldaten füllten Zimmer und Flure des Barackenhospitals – es war brechend voll. Ihre Uniformen waren verdreckt, über und über mit Schmutz, Läusen und eingetrocknetem Blut bedeckt. Bemüht, die Soldaten so schnell wie möglich in saubere Kleidung zu bekommen, hatte Florence einen Mediziner gefragt, wie viele Hemden vorrätig seien.

Der Arzt zuckte die Achseln. »Die Männer schicken ihre Hemden nicht gerne zum Waschen, aus Angst, sie könnten gestohlen werden. Ich glaube, nur sechs Hemden sind im letzten Monat gewaschen worden und kamen zurück.«

»Aber – wo sind die Klinikhemden?«, wollte Florence wissen. »Die meisten Hemden dieser Männer sind nur noch Lumpen und sollten verbrannt werden, nicht gewaschen! Und wie steht's mit der schmutzigen Bettwäsche? Manche dieser Männer haben ansteckende Krankheiten!« Wieder schüttelte der Arzt hilflos den Kopf. »Möglich, dass der Versorgungsoffizier welche angefordert hat – vielleicht aber auch nicht. Ich weiß nur, dass es für jeden Transport mit Nachschub Wochen dauert, durch die Behörde genehmigt zu werden. Und selbst wenn sie die Genehmigung haben, reicht der Nachschub nie aus.«

Das war nicht gut genug für Florence Nightingale. Papierkram, allerdings! Wussten die Armeeoberen nicht, dass Schmutz und Läuse die Kranken und Verletzten daran hinderten, wieder gesund zu werden?

Mit ein oder zwei Hilfskräften marschierte Florence auf den städtischen Markt. Als sie nach einigen Stunden zurückkehrte, folgten ihr einige türkische Karren, auf denen sich nagelneue Hemden türmten.

»Wo kommt das denn her?«, fragte der Versorgungsoffizier entgeistert.

»Ich habe die Hemden gekauft«, teilte Florence ihm mit, während sie das Abladen der Hemden überwachte.

»Aber … aber das ist sehr ungewöhnlich!«, stotterte der Versorgungsoffizier.

»Ja, vermutlich«, sagte Florence knapp. »Entschuldigen sie mich bitte, aber meine Krankenschwestern und ich haben zu arbeiten.« Während die Schwestern sich an die Arbeit machten, Hunderte von Kranken und Verwundeten zu baden und ihnen saubere Hemden anzuziehen, machte sich Florence an die nächste Aufgabe. Mit ihrem eigenen Geld und dem, das andere ihr dazugaben, mietete sie ein nahegelegenes Gebäude, ließ Boiler einbauen und engagierte Soldatenfrauen, um die Bettwäsche zu waschen.

Florence Nightingale gab selten Geld für sich selbst aus. Der größte Teil ihres persönlichen Geldes diente mit dazu, Lebensmittel für Patienten zu kaufen, die eine besondere Diät brauchten – oder mehr Bettpfannen oder Seife oder warme Socken, um den Männern zu helfen.

Sogar ihre Zeit wurde für andere verwendet. Was immer auch getan werden musste, Florence war bereit, es zu tun, egal ob es hieß, Böden zu scheuern, Wunden zu verbinden, alte, saubere Laken zu Verbänden zu reißen oder einem sterbenden Patienten Trost zu spenden. Manchmal war es zwei oder drei Uhr morgens, wenn sie endlich ins Bett fiel, so müde, dass sie sich kaum noch rühren konnte.

Ein Freund, der Florence Nightingale in der Türkei besuchte, bemerkte später: »Weniger als jede nur denkbare Anstrengung zu geben, wäre für Florence nicht genug gewesen – wäre nicht das gewesen, was Gott von ihr erwartete. Denn Gott war der einzige Herr, den sie zur Kenntnis nahm; sie war Seine Beauftragte in Scutari; die Arbeit, die sie verrichtete, war Seine Arbeit. In diesem Gedanken lag alle Belohnung, alles Vergnügen, das sie erstrebte. Ihr einziger Gedanke war: ›Für Dich wird es getan.‹«

Freigebigkeit bedeutet, die Gaben, die Gott dir gegeben hat, großzügig einzusetzen, um anderen zu helfen.

(Und ihr werdet) in allem reich gemacht zu aller Freigebigkeit (2. Kor. 9,11).

1. Warum gab Florence ihr eigenes Geld für etwas aus, das eigentlich die britische Armee bezahlen musste?
2. Welchen Prozentsatz ihres Geldes und ihrer Zeit verwendete Florence großzügig für andere?
3. Was könntest du tun, um großzügiger mit deinem Geld umzugehen? Oder mit deiner Zeit?

Hudson Taylor
Engländer mit Zopf

James Hudson Taylor wurde im Jahr 1832 in Yorkshire, England, geboren. Während er Medizin studierte, um als Arzt und Missionar tätig zu werden, lernte er auch noch Mandarinchinesisch. Am 19. September 1853 war es dann so weit. Er segelte als Missionar für die China-Evangelisationsgesellschaft mit dem Clipper *Dumfries* nach China.

Anders als viele seiner Landsleute respektierte Taylor die Sitten und Gebräuche der Chinesen, außer wenn sie gegen die Lehre der Bibel verstießen. Um seinen Respekt vor den Einheimischen zu zeigen, trug er die im Land übliche Kleidung und ließ sogar sein Haar lang wachsen, das er dann als Zopf trug. Andere Missionare missbilligten sein Verhalten. Aber eine junge Engländerin, Maria Dryer, bewunderte Hudsons Mut, sich den Gebräuchen ganz anzupassen. Sie und Hudson Taylor heirateten am 20. Januar 1858.

Hudson Taylor hatte noch andere ungewöhnliche Seiten. Er war zum Beispiel der Meinung, dass ein Christ keine Schulden machen sollte. Menschen, die für den Herrn arbeiteten, sollten zu Gott beten, wenn sie Bedürfnisse hatten, anstatt andere Menschen um Geld zu bitten.

Aufgrund dieser Ansichten verließ Hudson Taylor die China-Evangelisationsgesellschaft und ging seiner missionarischen Tätigkeit in eigener Verantwortung nach. Gott sorgte nicht nur in allen materiellen Bedürfnissen immer für ihn, sondern viele Chinesen wurden durch seine Verkündigung zu Christus geführt.

1860, während seiner Tätigkeit als Leiter des Londoner Missionskrankenhauses in Ningpo, erkrankte er so schwer, dass er mit Maria nach England zurückkehren musste. Dort übersetzte er das Neue Testament in den chinesischen Ningpodialekt. Er gründete die China-Inlandmission und fand neue Missionare, die bereit waren, ins chinesische Binnenland zu reisen, statt nur in den Küstenstädten zu arbeiten. 1866 kehrte er mit seinem Team nach China zurück.

Unter Hudson Taylors Leitung wuchs die Missionsgesellschaft und breitete sich in ganz China aus. Als er 1901 aus dem Amt schied, dienten achthundert Missionare in der China-Inlandmission. Außerdem war dies das erste Mal, dass Gläubige verschiedener Konfessionen zusammen arbeiteten, um die Gute Nachricht zu verkündigen.

Hudson Taylor starb 1905 in Changsa.

Glaube
Das schnellste Boot heim

W as willst du?«, flüsterte Hudson Taylor der dunklen Figur zu, die in der Nacht zu ihm gekrochen kam. Es war lange nach Mitternacht und er war ziemlich erschöpft. Am Morgen der Reise durch das chinesische Inland hatte er entdeckt, dass sein Diener ihm sein Gepäck gestohlen hatte – fast all seine Habe – und ihn in dieser fremden und gefährlichen Stadt allein zurückgelassen hatte. Schließlich gab er die Suche nach seinem untreuen Diener auf und legte sich auf die Steinstufen eines buddhistischen Tempels. Seinen schmalen Geldbeutel hatte er unter dem Kopf. Er wäre eingeschlafen, wenn ihm nicht dieser Mann aufgefallen wäre, der da auf ihn zukroch.

Nach dieser halblauten Frage verschwand der Mann, ohne zu antworten. Erleichtert drehte Taylor sich um und döste ein wenig ein. Kurze Zeit später wurde er erneut wach und bemerkte schon wieder zwei Gestalten, die sich näherten. Er blieb ganz still liegen und betete, dass Gott ihn beschützen möge. Die Gestalten erreichten ihn und versuchten seine Geldbörse und andere Wertgegenstände zu finden.

Als einer der Diebe unter Taylors Kopf zu tasten begann, fragte Taylor wieder: »Was willst du?«

»Oh – äh nichts«, erwiderte der Mann erschrocken. »Aber du solltest jetzt schlafen, sonst kannst du morgen nicht weiterreisen. Wir bleiben hier sitzen und beschützen dich. Hab keine Angst.«

»Ich brauche euren ›Schutz‹ nicht«, wehrte Taylor ab. »Ich vertraue meinem Gott. Er wird für mich sorgen.«

Einer der Männer stand auf und holte einen dritten, aber als Hudson Taylor laut zu beten und zu singen begann, gaben die drei auf und machten sich davon.

Am nächsten Morgen dankte Taylor Gott für die Bewahrung. Außerdem fiel ihm auf, dass er am vergangenen Tag so aufgeregt wegen seiner gestohlenen Sachen gewesen war, dass er Gott nicht gefragt hatte, wo er sicher übernachten könnte.

Taylor schämte sich. Wenn er gebetet hätte, würde Gott ihm vielleicht einen besseren Platz zum Schlafen gegeben haben.

Als er die lange Heimreise antrat, bat er Gott um Vergebung für den Mangel an Vertrauen. Außerdem bat er Gott um Hilfe, damit er seine Gedanken auf die Verkündigung des Evangeliums richten konnte, statt seinen gestohlenen Habseligkeiten nachzutrauern. Das Gebet richtete ihn auf, der Tagesmarsch schien nicht so schwer zu sein und an diesem Abend fand er Unterkunft bei einem Fremden.

Am nächsten Tag brachte der Fremde ihn zu einem Postboot, das den Kanal hinunter nach Shanghai fuhr. »Er ist ausgeraubt worden«, teilte dieser neue Freund dem Bootsmann mit, »aber er wird bezahlen, wenn er zu Hause angekommen ist. Sollte er das nicht tun, bekommst du das Geld von mir, wenn du zurückkommst.«

Das Postboot fuhr schnell und Hudson Taylor kam sicher zurück nach Shanghai. Er bekam sein Gepäck niemals zurück, aber er erkannte, dass Gott ihn in jeder Lage versorgen würde. Kurze Zeit später erhielt er einen Brief, der genau den Betrag an Geld enthielt, um alles, was sein Diener ihm gestohlen hatte, zu ersetzen.

Glaube ist das Vertrauen, das Gott auch in erschreckenden Umständen Herr der Lage ist.

Mein Gott aber wird alles, wessen ihr bedürft, erfüllen nach seinem Reichtum in Herrlichkeit in Christus Jesus (Phil. 4,19).

1. Warum hat Hudson Taylor nicht gebetet, nachdem ihm sein Diener alles gestohlen hatte?
2. Wie half Gott Taylor, nachdem er aufhörte, sich um sein Gepäck zu sorgen?
3. Nenne eine Sache, mit der Gott dich versorgt hat und danke Ihm dafür.

Vertrauen
Der böse Plan

E hrenwerter Lehrer«, sagte Hudson Taylors chinesischer Mitarbeiter und rang die Hände, »es wird große Schwierigkeiten geben. Das muss ich Ihnen sagen.«

Es war unwahrscheinlich, dass dieser gläubige Mitarbeiter sich Sorgen machte, ohne Grund zu haben und so hörte Taylor auf zu lesen und sah auf.

»Sie haben gehört, wie die Engländer gegen die Stadt Kanton Krieg führen. Ihre Kanonen haben sehr viele Menschen getötet. Das hat die Kantoneser, die hier in Ningpo leben, wütend gemacht. Sie planen, als Vergeltung alle Ausländer zu ermorden.«

»Wie könnten sie das denn in die Tat umsetzen?«, fragte Taylor. »Wir leben doch in der ganzen Stadt verstreut.«

»Sie warten bis Sonntag abend. Sie wissen, dass alle Missionare und die meisten der ausländischen Kaufleute sich dann zum Gottesdienst in einem der Häuser treffen. Sie wollen das Haus umstellen und alle Anwesenden töten.«

»Keine Sorge«, erwiderte Taylor und wandte sich wieder seinem Buch zu, »die Polizei würde so etwas niemals zulassen.«

»Nicht doch!«, sagte sein Assistent. »Die Polizei hat ihre geheime Einwilligung gegeben und wird sich heraushalten.«

Plötzlich war Taylor doch beunruhigt. Er schloss das Buch und sah seinem Mitarbeiter gerade ins Gesicht. »Woher weißt du das alles?«

»Ich habe einen kantonesischen Freund. Er warnte mich, damit ich fliehen und mein eigenes Leben retten kann.«

»Wahrscheinlich solltest du das besser auch tun«, sagte Taylor, der die Gefahr jetzt ernst nahm. »Warum fährst du nicht übers Wochenende zu deiner Schwester aufs Land.«

»Aber ehrenwerter Lehrer, was wird mit Ihnen ... und all den anderen?«

»Ich weiß noch nicht genau, was wir tun werden, aber danke für die Warnung.«

Angesichts der drohenden Gefahr rief Taylor einige Missionare zusammen. Sie kamen zu dem Ergebnis, dass – wenn Polizei und Bürgermeister sie nicht schützen würden – sie sich nur noch an Gott wenden konnten. Also begannen sie zu beten.

Zur selben Zeit, in der sie beteten, traf sich der Bürgermeister mit einem höheren Staatsbeamten und erzählte ihm von dem Plan, die Missionare zu ermorden.

»Das ist eine gefährliche Idee«, sagte er. »Es wird internationale Verwicklungen geben.«

»Ich werde einfach behaupten, ich hätte von nichts gewusst«, sagte der Bürgermeister und zuckte mit den Achseln. »Ich werde die Kantonesen verantwortlich machen. Wenn sie angeklagt werden, bin ich beide Seiten los, die Engländer *und* die Kantonesen.«

»Damit kommen Sie nicht durch«, sagte der Staatsbeamte. »Sie vergessen, dass ich von dem Plan weiß. Sie sollten dem ganzen besser einen Riegel vorschieben.«

Der Bürgermeister schickte daraufhin eine Botschaft an die Kantonesen mit dem Befehl, den Missionaren kein Haar zu krümmen.

Als die Missionare im nachhinein erfuhren, dass Gott ihre Rettung während genau der Zeit ihrer Gebete veranlasst hatte, war ihre Freude übergroß und sie priesen Gott für seine Fürsorge.

 **Vertrauen bedeutet glauben, dass Gott dich beschützen kann.**

 *Im Schatten deiner Flügel berge ich mich, bis vorübergezogen das Verderben (Ps. 57,1b).*

1. Warum wollten die Kantonesen die Missionare umbringen?
2. Wie beschützte Gott sie?
3. Erzähle eine Begebenheit, bei der du Angst hattest, jemand würde dir etwas zuleide tun. Hast du gebetet, dass Gott dich beschützt? Was ist passiert?

Gehorsam
Warum sind Sie nicht früher gekommen?

Hudson Taylor war entmutigt. Nun predigte er seit einem Jahr in der Stadt Ningpo. Die Chinesen waren sehr höflich und liebten es, sich zu versammeln, um ihm zuzuhören. Gespräche über neue Ideen waren ein Vergnügen für sie. Aber keiner schien das Evangelium ernst zu nehmen. Keiner glaubte es.

Und dann, nach einer Ansprache, als Taylor am liebsten aufgegeben hätte, stand ein angesehener Chinese auf und richtete das Wort an seine Landsleute.

»Ich bin seit langer Zeit auf der Suche nach der Wahrheit«, sagte er ernst. »Mein Vater und meine Vorfahren vor ihm suchten alle nach der Wahrheit, aber sie fanden sie niemals. Ich bin lange und weit gereist auf der Suche nach ihr. Ich habe die Lehren des Konfuzius, den Taoismus und den Buddhismus erprobt, aber ich fand keine Ruhe.«

Taylor sah den Mann mit neuem Interesse an. Er wusste, dass er einer der führenden Offiziere unter den Buddhisten in Ningpo war. Was sagte er da? Sagte er, dass seine Religion ihm keinen Frieden gab?

»Aber heute Abend«, fuhr der Mann ehrlich fort, »heute Abend habe ich Ruhe gefunden. Ich habe die Wahrheit gehört und von diesem Tag an glaube ich an Jesus Christus.«

Hudson Taylor traute seinen Ohren kaum. Konnte das wahr sein?

Kurze Zeit später bewies der Mann seine Ernsthaftigkeit, indem er Hudson Taylor mitnahm in den buddhistischen Tempel und dort ein Glaubenszeugnis gab. Bald darauf wurde auch ein Freund des Mannes Christ und ließ sich taufen.

Allerdings stellte dieser Mann wenige Tage nach seiner Bekehrung Hudson Taylor vor eine sehr schwierige Frage: »Wie lange wissen die Menschen in Ihrem Land schon von Jesus Christus?«

»Oh, Hunderte von Jahren«, antwortete Hudson Taylor.

»Was?«, rief der Mann erstaunt aus. »Sie wussten schon seit Hunderten von Jahren die Wahrheit und sind nicht gekommen, um sie uns zu erzählen? Mein Vater hat sein ganzes Leben nach der Wahrheit gesucht und starb, ohne sie gefunden zu haben. *Warum sind Sie nicht früher gekommen?*«

Das war eine schwierige Frage. Jesus hatte seinen Jüngern befohlen, in alle Welt zu gehen und den Menschen das Evangelium zu bringen, aber zu oft gehorchen die Menschen diesem Befehl nicht. Dieser Mann kannte die Auswirkungen davon. Er kannte Menschen auf der Suche nach der Wahrheit, die auf jemanden warteten, der kam und sie ihnen sagte.

Im Gehorsam gegenüber seinem gerade gefundenen Heiland verbrachte dieser Buddhist den Rest seines Lebens damit, anderen Menschen von Jesus zu erzählen.

Gehorsam bedeutet zu tun, worum Gott dich bittet.

Und er sprach zu ihnen: Geht hin in die ganze Welt und predigt das Evangelium der ganzen Schöpfung (Mk. 16,15).

1. Warum war Hudson entmutigt?
2. Wonach hatte der buddhistische Mann sein ganzes Leben lang gesucht?
3. Fällt dir jemand ein, der Jesus Christus noch nicht kennt? Bete, dass Gott dir helfen möge, diesem Menschen die Gute Nachricht von Jesus zu erzählen.

Dwight L. Moody
Ein Schuhverkäufer für Gott

Als junger Mann träumte Dwight L. Moody davon, reich zu werden. Er wurde am 5. Februar 1837 geboren. Mit siebzehn Jahren verließ er sein Elternhaus, um in Boston für seinen Onkel als Schuhverkäufer zu arbeiten. Dwight war der geborene Kaufmann und mit zwanzig Jahren bekam er die große Chance, in Chicago für C.E. Wisell, den Schuhgiganten, zu arbeiten.

Aber der junge Dwight Moody kümmerte sich auch um die Kinder in Chicagos Slums. Er half, eine Sonntagsschule einzurichten, die sich mit der Zeit zu einer eigenständigen Kirche, der Illinois Street Church entwickelte. Nach ein paar Jahren hängte er seinen Kaufmannsberuf für immer an den Nagel, denn es war viel aufregender, Kinder zu Gott als Schuhe »an den Mann« zu bringen.

Der YMCA (in Deutschland: CVJM) ernannte Dwight L. Moody zum Missionar. Als Moody im Jahre 1867 vor einer YMCA-Versammlung eine Rede hielt, forderte ihn ein Pfarrer namens Henry Varley mit folgenden Worten heraus: »Die Welt muss erst noch sehen, was Gott mit einem Mann anfangen kann, der sich Ihm ganz widmet.« Diese Worte sprachen Moody direkt an. Er beschloss, dieser Mann zu werden – er würde sein ganzes Leben Gott zur Verfügung stellen!

1870 hörte er auf einer Tagung des Internationalen YMCA-Verbandes einen Sänger, der mit wunderschöner Stimme Choräle vortrug. Er lud diesen Mann, Ira Sankey, ein, mit ihm zusammen Musik zu machen. Und die nächsten zwanzig Jahre lang waren diese beiden, »Moody und Sankey« ein weltbekanntes Duo für Gott.

Am 8. Oktober 1871 wurde bei einem Großbrand in Chicago nicht nur Moodys Heimat, der YMCA, sondern auch die Illinois Street Kirche zerstört. Aber Dwight Moody sah die Zerstörung seiner bisherigen Aufgabenbereiche als Möglichkeit für Neues. Jetzt konnte er noch mehr Menschen die Gute Nachricht bringen. Die Zeit der großen evangelistischen Feldzüge begann.

Obwohl Moody keine besondere Ausbildung hatte, gründete er das Northfield Seminar für Mädchen und die Mount-Herman-Schule für Jungen in Massachusetts. Er half auch bei der Einrichtung einer Bibelschule in Chicago für Frauen und Männer. Erst nach seinem Tod wurde diese Schule in Moody-Bibel-Institut umbenannt.

Kurz vor der Jahrhundertwende zwang ihn sein schwächer werdendes Herz, die evangelistischen Reisen einzuschränken. Dwight L. Moody starb im Alter von zweiundsechzig Jahren am 22. Dezember 1899 in seinem Haus in Northfield, wo er auch beerdigt ist.

Reue
Viel besser als Schuhe verkaufen!

Niemand – wirklich niemand – konnte den Sonntagsschul-raum besser mit Kindern füllen, als der junge Moody. Die ganze Woche über arbeitete er als Schuhverkäufer für eine der größten Schuhfabriken Chicagos. (Er war auch ein *sehr* guter Verkäufer und er hatte vor, viel Geld zu verdienen.) Aber sonntags ging er durch die Straßen und sprach alle Kinder an, die ihm über den Weg liefen. Er nahm sie alle mit zur Sonntags-schule.

Nachdem er sie alle dort abgeliefert hatte, dachte er aller-dings, dass seine Aufgabe jetzt erledigt wäre. Jemand anders war dafür zuständig, ihnen aus der Bibel vorzulesen und zu erklären oder nicht?

Jedenfalls war Moody dieser Meinung, bis eines Tages Mr. Hibbert krank war und er nun gebeten wurde, dessen Klasse von zwölfjährigen Mädchen zu unterrichten. Die Mädchen al-berten die ganze Stunde über herum – sie lachten ihm einfach ins Gesicht! Moody musste sich auf die Zunge beißen, um sie nicht einfach nach Hause zu schicken mit der Bitte, niemals wiederzukommen.

Eines Tages betrat M. Hibbert das Schuhgeschäft und bat darum, Mr. Moody zu sprechen. Er war noch nicht alt, aber er war krank, mit einem bösen, rasselnden Husten.

»Wie kann ich Ihnen helfen, Mr. Hibbert?«, fragte Moody. »So, wie Sie aussehen, gehören Sie schleunigst ins Bett.«

Mr. Hibbert nickte traurig. »Meine Lungen bluten …; der Arzt sagt, noch einen Winter in Chicago werde ich nicht überleben. Also werde ich bald nach Hause fahren zu meiner Familie – um dort zu sterben, nehme ich an. Aber –.«

»Aber was?«, fragte Moody.

»Ich lasse meine Klasse nur sehr ungern zurück«, sagte der Sonntagsschullehrer. »Sehen Sie, nicht eines dieser Mädchen hat bis jetzt den Herrn als seinen Heiland angenommen. Wenn ich sie jetzt verlasse …«

»Oh nein!«, dachte Moody. »Er wird mich doch hoffentlich nicht bitten, diese Klasse von furchtbaren Mädchen zu übernehmen oder?« Er sagte rasch: »Aber warum besuchen Sie die Mädchen nicht – jede einzeln, verstehen Sie – und sagen ihnen, wie besorgt Sie sind.«

Mr. Hibberts müdes Gesicht wurde froh. »Genau das wollte ich tun, Dwight. Aber … ich weiß nicht, ob ich noch die Kraft habe. Würden Sie mich begleiten?«

Moody willigte gern ein. Das war schließlich das mindeste, was er für den armen Mann tun konnte.

Und so ging Dwight Moody jeden Tag nach der Arbeit mit Mr. Hibbert zum Haus eines der Mädchen. Er half dem Lehrer die wackeligen Treppen zu den kleinen Wohnungen hinauf und saß schweigend dabei, wenn Mr. Hibbert ganz offen mit jeder einzelnen Schülerin sprach. Moodys Verwunderung wuchs, als erst ein Mädchen, dann noch eines und schließlich sogar ein *drittes* Christus als seinen Erlöser annahm!

Nach zehn Abenden mit Gesprächen hatte jedes Mädchen in Mr. Hibberts Klasse ihr Leben dem Herrn Jesus übergeben. Am letzten Tag vor seiner Abreise brachte Moody die Mädchen alle noch einmal zu ihrem Lehrer, damit sie sich verabschieden konnten. Es war eine richtige Gebetsrunde, als die Mädchen Gott für ihren Lehrer dankten und für ihn beteten.

Am nächsten Tag ging Moody zum Bahnhof, um Mr. Hibbert zu verabschieden. Zu seiner Überraschung waren auch die Mädchen vollzählig erschienen und winkten unter Tränen, als der Zug dann abfuhr. Mr. Hibbert stand auf der hinteren

Plattform, ein friedvolles Lächeln auf dem Gesicht. Sein Finger deutete zum Himmel. Dort würde er alle seine Schülerinnen eines Tages wiedersehen.

Dwight Moody glaubte, sein Herz müsste bersten, so voll war es. »Oh Gott!«, rief er. »Schuhe verkaufen und Geld zu verdienen scheinen total unwichtig neben all dem, was ich in den letzten zwei Wochen gesehen habe. Vergib mir, Herr, dass mir bis jetzt die falschen Dinge wichtig waren. Von heute an möchte ich Mädchen und Jungen und auch Erwachsenen die Gute Nachricht von Dir sagen. Ich bin Dein Mann – den ganzen Tag!«

 **Reue bedeutet nicht nur, für Sünde um Vergebung zu bitten, sondern dann auch in eine neue Richtung zu marschieren.**

 *Naht euch Gott! Und er wird sich euch nahen. Säubert die Hände ihr Sünder und reinigt die Herzen, ihr, die ihr geteilten Herzens seid! (Jak. 4,8).*

1. Dwight L. Moody war schon Christ und brachte Kinder in die Sonntagsschule. Warum musste er trotzdem Reue empfinden?
2. Was bedeutet es im obigen Bibelvers, »geteilten Herzens« zu sein?
3. Was könnte es in deinem Leben geben, das dich von Gott wegzieht und davon abhält, das Evangelium weiterzugeben?

Kühnheit
Die Nacht, als Chicago brannte

Dwight L. Moody ließ den Blick über den vollen YMCA-Saal schweifen. Männer, Frauen und auch Kinder saßen dort, um seine Predigt zu hören. »Fragen Sie sich: ›Wie stehe ich zu Jesus Christus?‹«, sagte er noch einmal. Die Menschen waren rastlos – die Straße draußen schien lebendig zu sein durch all die hastenden Füße und entfernten Rufe.

»Gehen Sie nach Hause und denken Sie die nächste Woche über diese Frage nach«, drängte er. »Und dann kommen Sie nächste Woche wieder und erzählen mir, was Sie mit Jesus Christus anfangen werden. Mr. Sankey, stimmen Sie bitte ein Lied an.«

Dwight Moody übergab nun die Versammlung seinem musikalischen Leiter. Der volle Bariton von Ira Sankey spornte die Menschen immer zu begeistertem Singen an. Außer am heutigen Abend. Alle schienen seltsam abgelenkt zu sein, durch einen neuen Geruch, die merkwürdige Färbung des Himmels vor den Fenstern und durch Kirchenglocken, die läuteten. Sankey begann die dritte Strophe des Liedes:

> *Heute will dich Jesus fragen:*
> *Bist du ganz für mich bereit?*
> *Du verlierst dich sonst im Jagen*
> *Nach den Gütern dieser Zeit.*

Aber nur wenige Leute sangen. Als Moody alle verabschiedet hatte, ging er mit Sankey nach draußen, um zu sehen, was dort los war. Gerade galoppierte ein Gespann von Pferden mit einem Schlauchwagen donnernd die Straße hinunter. In der Ferne glühte der Horizont orangerot.

Chicago brannte! Nicht nur ein paar Häuser, sondern ganze Stadtteile standen in Flammen!

Ira ging zurück ins YMCA-Gebäude, um einige Wertgegenstände zu retten. Moody rannte zur Illinois Street Church. Diese Kirche war aus einer Sonntagsschule entstanden, die Moody vor einigen Jahren angefangen hatte. Als er endlich sein Haus erreichte, wo seine Frau Emily und die zwei Kinder schon angstvoll auf ihn warteten, standen der YMCA und die Illinois Street Church bereits in Flammen.

Aber das Feuer schien sich in eine andere Richtung auszubreiten und die Familie ging zu Bett. Alle versuchten zu schlafen. Kurz nach Mitternacht hörten sie jemanden gegen die Tür hämmern. »Alles raus! Alles raus!«, schrie ein Polizist. »Das Feuer kommt genau in diese Richtung!«

Ein Nachbar nahm die beiden Kinder der Moodys in seiner Kutsche mit auf der Flucht aus der brennenden Stadt. Dwight und Emily Moody flohen zu Fuß. Sie hatten ein paar ihrer Habseligkeiten in einem Kinderwagen bei sich.

Als das Feuer endlich vorbei war, waren dreihundert Menschen tot, siebzehntausend Gebäude waren zerstört und neunzigtausend Menschen waren obdachlos – auch die Familie Moody.

»Emily«, sagte Moody heiser, als sie vor dem Häufchen Asche standen, das einmal ihr Haus gewesen war, »ich habe einen großen Fehler gemacht.«

War ihrem Mann etwas eingefallen, das er vor den Flammen zu retten vergessen hatte?

Nein, Dwight Moody dachte an etwas anderes. »Ich habe den Leuten eine Woche gegeben, um sich zu überlegen, wie sie zu Jesus Christus stehen«, sagte er traurig. »Aber sie hatten keine Woche. Ich will nie wieder die Chance verpassen, die Menschen zu fragen: ›Wie stehen Sie *heute* zu Jesus Christus?‹«

Der Mut, den Menschen von Jesus zu erzählen, kommt, wenn man merkt, dass die Frage nach dem Retter nicht immer bis »morgen« Zeit hat.

Siehe jetzt ist die wohlangenehme Zeit, siehe jetzt ist der Tag des Heils (2. Kor. 6,2b).

1. Warum meinst du, gab Dwight Moody seinen Zuhörern eine Woche Zeit zu überlegen, wie sie zu Jesus Christus ständen?
2. Warum sagte Dwight, dass er so etwas nie wieder tun würde?
3. Gibt es jemanden, dem du schon lange von Jesus erzählen möchtest? Bitte Gott um den Mut, das möglichst bald zu tun.

Stärke

»Das Schiff sinkt!«

»Papa, du solltest wirklich aufhören, so hart zu arbeiten. Der Doktor sagt, wenn du nicht kürzer trittst, bringst du dich noch selbst ins Grab.«

»Mmhmmh«, murmelte Dwight L. Moody. Er lag in seiner Koje auf einem Dampfschiff mit Namen *Spree*, das von England aus den Atlantik nach Amerika überquerte. Wie üblich war er seekrank. Könnte der Doktor Recht haben? Moody war erst vierundfünfzig, aber er hatte Übergewicht und in der letzten Zeit fühlte er sich sehr oft müde. Aber wie konnte er kürzer treten? Schließlich war nächstes Jahr, 1893, die Weltausstellung in Chicago – und er bereitete einen evangelistischen Feldzug vor, der sechs Monate dauern sollte, um all die Menschen zu erreichen, die diese Weltausstellung besuchten. Aber vielleicht konnten andere einen Großteil der Predigten übernehmen. Vielleicht …

In diesem Moment gab es einen gewaltigen Ruck und das Schiff begann bedrohlich zu schlingern. Will rannte auf Deck, um nachzusehen, was passiert war und kam mit einer schrecklichen Nachricht zurück: »Papa, die Ruderwelle des Schiffes ist gebrochen. Wasser dringt überall ins Schiff ein – ich glaube, wir sinken!« Verängstigte Passagiere drängten sich an Deck. Das Heck des Schiffes lag sehr tief im Wasser. Die raue See warf den Dampfer hin und her. Der Kapitän und die Besatzung besprachen die Lage. Sollte man auf dem Schiff bleiben oder die Rettungsboote zu Wasser lassen? Es wurde beschlossen, zunächst auf dem Schiff zu bleiben und von dort Leuchtsignale zu geben, in der Hoffnung, dass ein anderes Schiff ihnen zur Hilfe kommen würde.

Die erste Nacht war schrecklich. Keiner schlief. Alle Passagiere drängten sich im Aufenthaltsraum zusammen. Sogar Dwight Moody kämpfte. Er hatte keine Angst zu sterben; er wusste, dass er bei Jesus im Himmel sein würde. Aber seine Frau und seine anderen Kinder auf dieser Erde niemals wiederzusehen … so viel Arbeit unerledigt zurückzulassen … Er schrieb später: »Es war die dunkelste Stunde meines Lebens.«

Am nächsten Morgen durfte Moody einen Gottesdienst im Saloon abhalten. Er las Psalm 107, die Verse 23-28: »Die sich mit Schiffen aufs Meer hinausbegaben … Dann aber schrien sie zum HERRN in ihrer Not: und er führte sie heraus aus ihren Bedrängnissen.« Ebenso Psalm 91,11: »Denn er bietet seine Engel für dich auf, dich zu bewahren auf allen deinen Wegen.« Viele der Passagiere wurden getröstet – Dwight Moody selbst eingeschlossen. Ob er nun starb oder nicht, es lag alles in Gottes Hand. Gottes Wille war das einzig Wichtige.

Diese Nacht ging Moody zu Bett und schlief sofort fest ein. Mitten in der Nacht rüttelte ihn sein Sohn Will wach. »Komm schnell mit!«, sagte der junge Mann aufgeregt. Oben auf Deck konnten sie die Lichter eines anderen Schiffes sehen, das in ihre Richtung fuhr. Es war auch ein Dampfschiff, die *Lake Huron*. Trotz der stürmischen See wurden zwischen beiden Schiffen Taue gespannt. Die Gefahr war noch nicht vorüber, aber irgendwie schaffte es die *Huron*, die angeschlagene *Spree* im Schlepptau, zurück nach England zu fahren. Das dauerte acht Tage.

Dankbar und froh, wieder in Sicherheit zu sein, dachte Dwight, dass Gott nicht ohne Grund sein Leben verschont hatte. »Ich kann jetzt nicht kürzer treten!«, sagte er zu Will. »Gott hat Arbeit für mich! Hunderttausende von Menschen kommen zur Weltausstellung nach Chicago – und sie alle brauchen einen Heiland. Und wenn Gott Arbeit für mich hat, dann gibt er mir auch die Kraft, sie zu tun.«

Stärke ist die Kraft, die Gott dir gibt, um eine Arbeit zu beenden, auch wenn du dich schwach fühlst.

Und er hat zu mir gesagt: Meine Gnade genügt dir, denn (meine) Kraft kommt in Schwachheit zur Vollendung (2.Kor. 12,9).

1. Wie fühlte Dwight Moody sich, als er dachte, das Schiff würde sinken?
2. Warum dachte Moody, dass es Gottes Plan für ihn war, weiter hart zu arbeiten und jeden Tag vor Menschen zu predigen (sogar entgegen dem Rat des Arztes)?
3. Hast du Gott schon einmal gebeten, dir Kraft zu geben, etwas für Ihn zu tun, auch wenn du selbst dich kraft- und machtlos fühltest? Was ist dann geschehen?

Mary Slessor

Pioniermissionarin in Calabar

Mary Slessor wurde 1848 in Aberdeen, Schottland, geboren. Sie war Tochter eines Schuhmachers. Als David Livingstone, der berühmte Missionar und Afrika-Erforscher 1874 starb, weckte sein Vorbild bei vielen den Wunsch, Missionar zu werden – diese rothaarige junge Dame eingeschlossen. Zwei Jahre später landete sie in Calabar (heute heißt es Süd-Nigeria in Afrika). Sie war gerade siebenundzwanzig.

Marys erster Auftrag brachte sie in eine Missionsstation an der Küste. Der große Unterschied zwischen dem europäischen und dem afrikanischen Lebensstil war Mary unangenehm. Sie entschied sich für den einfachen afrikanischen. Dies bot auch die Möglichkeit, das Geld, das sie verdiente, an ihre Familie nach Schottland zu schicken.

Aber Mary war ein Pionier; wie vor ihr David Livingstone wollte sie ins Innere Afrikas reisen. Sie wollte den Okoyong, die noch nie das Evangelium gehört hatten, die Gute Nachricht von Jesus bringen.

Als sie dort ankam, wurden die Geschäfte in der Hauptsache mit Gin, Revolvern und Ketten gemacht. Mary ermutigte die Menschen, mehr landwirtschaftliche Produkte anzubauen, damit sie mehr zu verkaufen hatten und damit so für die Leute weniger Zeit zum Trinken und Raufen da war.

Mary glaubte auch daran, dass Frohe Botschaft und Schule Hand in Hand gehen müssen. Die Menschen mussten lesen lernen, damit sie die Bibel selbst lesen konnten. Sie stellte auch die Sitten und Gebräuche in Frage, die gegen die Lehren der Bibel verstießen, zum Beispiel Zauberei, Zwillingsmord, Menschenopfer, Polygamie und Sklavenhandel. Ihr Ruf als Friedensstifterin brachte auch Häuptlinge aus anderen Stämmen dazu, ihren Rat zu suchen. Im Jahre 1892 wurde sie von der britischen Regierung zum Vizekonsul für dieses Gebiet berufen. (Ein Vizekonsul ist vergleichbar mit einem obersten Richter.)

1902, nach fünfzehn Jahren unter den Okoyong-Stammesangehörigen, ließen sich elf junge Menschen taufen, sieben von ihnen waren ihre Adoptivkinder. Aber Mary war ruhelos. Immer noch gab es Stämme, die nie zuvor von Jesus Christus gehört hatten! 1904 hatte sie Urlaub und hätte nach Schottland zurückkehren können. Stattdessen verwendete sie ihre Zeit und ihr eigenes Geld, um eine neue Missionsstation zu eröffnen, damit auch die wilden Stämme der Aros und Ibibios erreicht werden konnten.

Schließlich erkrankte sie am 13. Januar 1915, im Alter von sechsundsechzig Jahren, ein letztes Mal an Fieber und Ruhr und das war ihr Ende. Aber ihr Geist und ihr Einfluss lebten weiter.

Mut
Die Herausforderung

Der üppige rote Schopf war alles, was von Mary Slessor zu sehen war, als sie durch die engen Straßen im Elendsviertel von Dundee in Schottland marschierte. Ein schnatternder und lachender Haufen aus Jungen und Mädchen umringte sie. Die junge Fabrikarbeiterin war früh aufgestanden, hatte an die Türen der trostlosen kleinen Häuser geklopft, verschlafene Kinder eingesammelt und war jetzt mit ihnen auf dem Weg zur Sonntagsschule in der Wishart Kirche.

Aber als sie um die nächste Ecke bogen, standen sie vor einer Gruppe von jungen Rowdies. »Wir wollen Sie hier nicht«, knurrte der größte Junge, zweifellos der Anführer. »Hauen Sie ab – raus hier!«

Verängstigt drängten sich die Kinder hinter Mary zusammen. Aber die Zwanzigjährige blieb stehen, wo sie war.

»Nein, das werde ich nicht tun«, sagte sie. »Ich unterrichte heute in der Sonntagsschule. Warum kommt ihr nicht mit?«

Die Augen des Jungen wurden schmal: »Ich werde Sie schon dazu kriegen, dass Sie abhauen!« Während er sprach, zog er ein langes Seil aus der Tasche, an dessen Ende ein dickes Eisenstück hing. Als Mary sich nicht vom Fleck rührte, begann er das Seil über seinem Kopf kreisen zu lassen. Mary wich keinen Zentimeter. Mehrere Kinder hinter ihr schrien verängstigt auf, als das Eisenstück immer näher an Marys Kopf vorbei schwang. Bei der nächsten langsamen Runde ritzte das kantige Stück ihre Stirn leicht auf, ohne dass Mary mit der Wimper zuckte.

Erstaunt von ihrem Mut, fing der große Junge das Seil ein. »Das ist ihr Punkt, Jungs«, sagte er mit Respekt und trat zur Seite. Als Mary die kleineren Kinder um sich scharte und die Stufen zum Sonntagsschulraum hinunterging, marschierten die größeren Jungen alle hinter ihr her.

Viele Jahre später, als Mary Missionarin war und in einer Lehmhütte am Calaba Fluss in Westafrika lebte, bekam sie ein Päckchen aus Schottland. Lächelnd packte sie ein gerahmtes Bild aus, das einen gutaussehenden jungen Mann mit einer hübschen Frau und mehreren kleinen Kindern zeigte. »Wer ist das, Mama?«, fragte Janie, ihre afrikanische Adoptivtochter, als sie das Bild sah.

Und so erzählte Mary Janie und ihren anderen Adoptiv-Kindern die Geschichte von dem Rowdie, der zur Sonntagsschule gekommen war. Jetzt war er erwachsen und hatte einen guten Beruf.

»Schau mal!«, rief Janie. »Da hinten steht was drauf!«

Dort stand: »Für Mary Slessor, in dankbarer Erinnerung an den Tag, der der Wendepunkt meines Lebens war.«

Mut bedeutet geradezustehen für das, was recht ist, auch wenn das Gefahr bedeutet.

Daher, meine geliebten Brüder, seid fest, unerschütterlich, allezeit überreich in dem Werk des Herrn, da ihr wisst, dass eure Mühe im Herrn nicht vergeblich ist! (1. Kor. 15,58).

1. Was meinst du, wäre geschehen, wenn Mary Slessor an diesem Tag vor dem Rowdy davongelaufen wäre?
2. Worin war Mary schon Missionarin, als sie mit diesem großen Jungen sprach?
3. Überlege, wie ein Christ wohl herausfinden kann, wo es nötig ist, mutig zu sein und »fest zu stehen«.

Erbarmen

»Lauf, Mama! Lauf!«

Mary Slessor saß auf der Veranda vor ihrem Lehmhaus und wiegte ein Baby in ihren Armen. Zu ihren Füßen spielten noch einige Okoyong-Kinder. Man hatte ihr diese Kinder gebracht, weil sie entweder krank, verwaist oder unerwünscht waren. Das Missionshaus im Dorf Ekenge war gut bekannt als ein Ort von Sicherheit und Zuflucht.

In diesem Augenblick kam ein Junge aus dem Dorf den Weg in den Garten herangejagt. »Lauf Mama! Lauf!«, schrie er und deutete auf den Dschungel.

Augenblicklich legte Mary das Baby in die Arme einer Helferin und rannte hinter dem Jungen her. Sie wusste, was dieser Schrei zu bedeuten hatte: Im nahegelegenen Dorf waren Zwillinge geboren worden und wenn sie nicht rechtzeitig dort ankam, würden sie vielleicht getötet werden.

Die Okoyong-Leute hatten Todesfurcht vor dem »Zwillings-Fluch«. Sie glaubten, wenn Zwillinge geboren wurden, müsse eines der Babies den Teufel zum Vater haben. Da sie nicht wussten, welches von beiden das war, wurden für gewöhnlich beide Säuglinge im Dschungel ausgesetzt, um dort zu sterben. Die Mutter wurde in Schande verstoßen.

Als sie barfuß und ohne Kopfbedeckung durch den Dschungel rannte, stieß sie auf eine Gruppe von lauten, wütenden Menschen. Am Anfang des Zuges stolperte eine weinende junge Frau in zerrissenen Kleidern. Auf ihrem Kopf trug sie eine Holzkiste. Die Leute bespuckten sie und schrien Verwünschungen.

»Iye!«, stieß Mary atemlos hervor. Iye war eine hübsche Sklavin. Ihre Herrin mochte sie gern und hatte sie immer gut behandelt. Nun aber nahm Mary die Holzkiste und schrie fast vor Entsetzen laut auf. Zwei neugeborene Babys waren unten in die Kiste gestopft worden und lagen unter Iyes Töpfen und Pfannen. Aber ein Kind war noch am Leben!

Mary führte die Gruppe schnell den Weg zurück zu ihrem eigenen Haus. Aber als die Gruppe sich dem Dorf näherte, blieb sie stehen. Wenn sie die »verfluchte« Zwillingsmutter mit ihren Babys die Dorfstraße zum Markt hinunter führte, würde niemand aus dem Dorf jemals wieder diese Straße benutzen. Und es war harte Arbeit in diesem Teil des Dschungels, eine gute Straße zu bauen. Wie konnte sie beiden helfen, der Zwillingsmutter *und* den Dorfbewohnern – auch wenn sie dachte, dass sie im Unrecht waren? Schnell bat sie einige der Männer aus dem Dorf, einen einfachen Durchgang durch die Büsche zu schlagen, der direkt zu ihrem Haus führte.

Als Iye sicher in Marys Haus angekommen war, wurde der tote Zwilling von der traurigen Mary im Garten christlich beerdigt. Den anderen Zwilling, den sie Susie nannte, ließ sie kaum aus ihren Armen. Neugierige Dorfbewohner kamen um den »Monster«-Zwilling zu sehen, den die »weiße Ma« zu retten gewagt hatte. Aber alles, was sie sahen, war ein schönes, glückliches Kind, das sich in der warmherzigen Atmosphäre prächtig entwickelte.

Nach ein paar Tagen sandte Iyes Herrin die Nachricht, dass sie bereit war, Iye zurückzunehmen, wenn sie ohne das Kind käme. Iye, die alles, was geschehen war, bitter beklagt hatte, war nur zu gern bereit, die ganze Schande hinter sich zu lassen.

Bald war Baby Susie der Sonnenschein in Marys Haushalt. Sogar die Dorfbewohner begannen sie zu mögen. Aber als sie anfing zu laufen, zog sie einen Topf mit kochendem Wasser vom Herd und verbrannte sich schwer. Als das Kind zwischen

Leben und Tod schwebte, ruhte im Dorf alle Arbeit. Niemand ging aufs Feld oder auf den Markt. Und als Susie an einem Sonntagmorgen nach Hause in den Himmel ging, trauerte das ganze Dorf mit Mary Slessor. Sogar Iye kam und weinte am Grab ihres Kindes. Der »verhexte Zwilling« wurde ein Segen für alle, die ihn kannten.

 **Erbarmen umfasst Freundlichkeit gegenüber den Unschuldigen und den Tätern.**

 *Glückselig die Barmherzigen, denn ihnen wird Barmherzigkeit widerfahren (Mt. 5,7).*

1. Warum dachten die Okoyong, Zwillingsgeburten seien ein Fluch?
2. Wie zeigte sich Mary Slessor gegenüber den Dorfbewohnern barmherzig, obwohl sie wusste, dass sie bezüglich des »Zwillings-Fluches« im Unrecht waren?
3. Was denkst du, meinte der Herr Jesus, als er sagte: »Glückselig die Barmherzigen, denn ihnen wird Barmherzigkeit widerfahren«?

Friedensstifter
Im Weg stehen

Das Missionshaus in dem Dorf Ekenge platzte langsam aus den Nähten. Missbrauchte Ehefrauen, ausgesetzte Kinder und entflohene Sklaven fanden dort Zuflucht und Sicherheit.

»Wirst du mir mit deinen Männern helfen, ein neues Haus zu bauen?«, fragte Mary Slessor ihren Freund, Häuptling Edem.

»Klar, Ma, klar. Wir freuen uns, wenn wir helfen können«, sagte der Häuptling, wippte mit seinem Stuhl zurück, bis er gegen die Wand seiner Hütte tippte und paffte seine Pfeife.

Nachdem mehrere Tage vergangen waren und niemand sich hatte blicken lassen, um zu helfen, nahm Mary das große Buschmesser, die Machete und begann selbst mit dem Roden am Rande des Dorfes.

Die Leute gingen vorbei und schüttelten die Köpfe. Warum nur hatte Mary es so eilig? Es gab doch immer ein morgen.

Dies war ein Unterschied zwischen der europäischen und der afrikanischen Kultur, an den Mary sich denkbar schlecht gewöhnen konnte. Sie war eine Frau der Tat. Die Okoyong dagegen schienen es nie eilig zu haben, *außer …*

Außer wenn Kampf in der Luft lag.

Eines Morgens, als Mary gerade die Wände des neuen Missionshauses mit Lehm verputzte, hörte sie das Geräusch rennender Füße. Dann hörte man aus dem Dorf lautes Spektakel, gefolgt von lautem Rufen und noch mehr rennenden Füßen.

Besorgt wusch Mary den Lehm von ihren Händen und eilte ins Dorf. Aber alle Männer waren verschwunden!

»Diebe haben von Ma Emes Farm Sklaven gestohlen, zwei

Männer und zwei Frauen«, berichtete ein kleiner Junge aufgeregt. Ma Eme war die Schwester des Häuptlings. »Jetzt sind sie weg, um Gerechtigkeit zu üben.«

»Haben sie getrunken?«, fragte Mary.

Der Junge nickte.

Nun war Mary ernsthaft in Sorge. Die Vorstellung der Okoyong von Gerechtigkeit war gewöhnlich nichts anderes, als Rache zu nehmen an dem, der ihnen Unrecht getan hatte. Sie töteten, misshandelten, brannten Häuser oder Felder ab oder stahlen Sklaven, bis ihr Rachedurst gestillt war. Und Trinken machte alles nur noch schlimmer.

Sie rannte in den Wald und erreichte endlich den Häuptling und seine Krieger. Man hatte die Diebe in einem nahegelegenen Dorf entdeckt. Allerdings waren auch die Diebe mit Macheten und Speeren bewaffnet, sodass bis dahin außer wütendem Geschrei und Beschimpfungen noch nichts geschehen war.

Mary marschierte auf den freien Platz zwischen den Gegnern. »Kämpfen und töten sind der falsche Weg, um Probleme zu lösen«, sagte sie ernst. »Beide Seiten müssen sich gemeinsam hinsetzen und *palavern* (reden). Dann entscheiden wir, was zu tun ist.«

Die Krieger aus Ekenge waren wütend. Aber sie konnten die Diebe nicht töten, solange Ma Slessor im Weg stand. Enttäuscht öffneten sie ein Fass Gin. Bald waren alle sternhagelvoll. Dies machte es fast unmöglich, mit den beiden Seiten zu sprechen, aber Mary war fest entschlossen. Den ganzen Tag und die ganze Nacht stand sie zwischen ihnen, bemüht, jeden ruhig zu halten.

Endlich schaffte sie es, Häuptling Edem und den Anführer der Diebe zum gemeinsamen Gespräch zu überreden. Sie nahm den Dieben die Zusage ab, dass sie die Sklaven zurückgeben und Ma Eme mehrere Körbe voller Saatgut geben würden für all den Ärger, den sie verursacht hatten. Dann überredete sie Häuptling Edem, das Versprechen zu geben, dass es kein Gemetzel und keine Vergeltung geben würde.

Als der Morgen dämmerte, wanderte Mary müde nach Hause – mit Häuptling Edem, den befreiten Sklaven und den Kriegern, die jetzt einen Brummschädel hatten. Sie wusste, dass es für die Menschen hier schwer war, mit den alten Gewohnheiten zu brechen, selbst wenn sie aus der Bibel belehrt worden waren. Sklaverei und Alkoholmissbrauch waren immer noch große Probleme unter den Menschen. Aber sie war dankbar. Zumindest heute waren wertvolle Menschenleben gerettet worden.

 **Ein Friedensstifter ist jemand, der Feinde mit einer friedlichen Lösung an einen Tisch bringt.**

 *So lasst uns nun dem nachstreben, was dem Frieden und dem, was der gegenseitigen Erbauung (dient) (Röm. 14,19).*

1. Warum glaubst du, nahm Mary Slessor die Gefahr auf sich und stellte sich zwischen die feindlichen Lager?
2. Wie sah die Vereinbarung aus, die für beide Seiten Gutes enthielt?
3. Wie könntest du Friedensstifter sein zu Hause? In der Schule? Im Beruf?

Amy Carmichael
Mutter vieler Kinder

Amy Carmichael wurde am 16. Dezember 1867 in Nordirland geboren. Ihr Vater war ein geachteter Bürger. Er besaß eine Mühle. Amy war gerade siebzehn Jahre alt, als sie Sonntagsschulklassen einrichtete für die »Schalies«. Das waren die Mädchen, die in der Mühle arbeiteten und Schals trugen. Diese Zusammenkünfte waren bald so überlaufen, dass Amy der Meinung war, es müsste ein Gebäude her, in dem sie alle Platz hätten. Ihr Glaube und ihre Zuversicht waren mitreißend. Bald trafen sich die Mühlenmädchen in einem neuen Haus, das einfach »Das Willkommen« hieß. Dort gab es Bibelkreise, Musikunterricht, Abendschule, einen Nähklub, Müttertreff und einen monatlichen Gottesdienst, zu dem jeder kommen konnte.

1892, Amy war gerade vierundzwanzig Jahre alt, spürte sie, dass Gott sie rief, das Evangelium zu Menschen in fernen Ländern zu bringen. Ausgestattet mit einer Empfehlung von den Leitern der Keswick-Vereinigung, wurde sie von der Zenana-Missionsgesellschaft der Kirche von England aufgenommen und im Oktober 1895 nach Indien geschickt. Kaum einer konnte ahnen, dass sie niemals nach Hause zurückkehren würde.

Amy stürzte sich auf ihr Sprachstudium. Sie lernte Tamilisch, die Landessprache Südindiens. Mit der Zeit fand sich eine Gruppe indischer Christinnen bei ihr zusammen, die sich »Leuchtende Juwelen« nannten. Diese Frauen zogen von Dorf zu Dorf und predigten das Evangelium. Während dieser Reisen fielen

Amy Carmichael die sogenannten »Tempelkinder« auf. Das waren junge Mädchen, die in den Hindutempeln »mit den Göttern vermählt wurden« – eine Zeremonie, die auch Prostitution einschloss. Um diesen Mädchen ein Heim zu bereiten, gründete Amy die Dohnavur (*doh-nah-voor*) Gemeinschaft. Bald war Amy *Amma* (Mutter) von Dutzenden kleiner Mädchen. Später nahm die Gemeinschaft auch kleine Jungen auf.

Im Oktober 1931 fiel Amy, mittlerweile vierundsechzig Jahre alt, in eine Grube und brach sich ein Bein. Sie wurde nie wieder ganz gesund und war die nächsten zwanzig Jahre an ihr Zimmer gebunden. Sie schrieb nach ihrem Unfall dreizehn Bücher und überarbeitete zusätzlich noch Bücher, die sie schon früher geschrieben hatte. In diesen Büchern sind viele Geschichten und Begebenheiten festgehalten aus dem Leben von Mädchen und Jungen, Männern und Frauen, die Gott kennen lernten durch die Arbeit der Dohnavur-Gemeinschaft.

Amy Carmichael starb am 18. Januar 1951, aber ihr Geist lebt weiter in der Arbeit der Dohnavur-Gemeinschaft, die auch heute noch im Süden Indiens arbeitet.

Opferbereitschaft
Die besten von allen Juwelen

Als Amy Carmichael als Missionarin in Indien eintraf, entschied sie sich, einen indischen *Sari* zu tragen und sich so gut sie es konnte an die indische Kultur anzupassen. Obwohl sie selbst keinen Schmuck trug, fand sie doch die goldenen und silbernen Halsketten, Ohrringe, Armreifen und Fußkettchen der indischen Frauen sehr hübsch.

Sogar die Mitglieder der »Leuchtenden Juwelen« – der Gruppe christlicher indischer Frauen, die zusammen mit Amy und der Guten Nachricht von Jesus Christus von Dorf zu Dorf zogen – waren vom Scheitel bis zu den Füßen mit Gold und Silber geschmückt. Aber Amy lernte bald, dass die Juwelen für eine indische Frau eine große Bedeutung hatten. Sie zeigten, wie reich ihre Familie oder wie bedeutend ihr Ehemann war oder zu welcher Kaste oder sozialen Gruppe sie gehörte. Amy bereitete dies Sorge – es schien ihr für Christen nicht gut zu sein, diese Dinge so wichtig zu nehmen. Trotzdem zögerte sie, etwas zu sagen. Sie mochte die Art nicht, wie einige andere englische Missionare indischen Christen beibrachten, westliche Art von Kleidung und Verhalten nachzuahmen.

»Herr«, betete sie, »wenn Du möchtest, dass die Frauen ihren Schmuck aufgeben, schenke bitte, dass sie sich selbst fragen, ob er nötig ist, nicht ich.«

Eines Tages hörte Ponnamal, ein Mitglied der »Leuchtenden Juwelen«, wie ein kleines Mädchen sagte: »Wenn ich groß bin, möchte ich auch zu den ›Leuchtenden Juwelen‹ gehören, dann kann ich so schöne Juwelen tragen wie Ponnamal sie hat.« Das ließ der aufrichtigen indischen Frau keine Ruhe. Das war kein guter Grund, den »Leuchtenden Juwelen« beizutreten!

Ponnamal betete und fragte Gott, was sie tun sollte. Sie wusste, dass eine indische Frau völlig ohne Juwelen ausgelacht würde. Aber dann schien Gott zu ihr zu sagen: »Du wirst eine Ruhmeskrone in der Hand des Herrn sein.« Ponnamal wurde plötzlich bewusst, dass *sie* für Gott wie ein Juwel war, auch wenn sie überhaupt keinen Schmuck trug.

Ponnamal legte ihren gesamten Schmuck ab. Eine nach der anderen nahmen auch die anderen Frauen der »Leuchtenden Juwelen« ihre Juwelen ab. Natürlich gab es viele Leute, die über sie lachten. Diese Christen waren doch sehr seltsam! Aber manche Mädchen und Frauen bemerkten auch, wie diese Christen sich liebten und sich gegenseitig halfen, als ob sie Schwestern wären, unabhängig von Reichtum oder Kaste. Viele kamen, um der Gruppe beizutreten – und später um in der Dohnavur Gemeinschaft zu arbeiten. Woran konnten die Menschen erkennen, dass sie dieser besonderen Gruppe angehörten? Keine der Frauen trug Schmuck. Aber viele hatten neue Namen wie »Juwel des Sieges« oder »Juwel des Lobes«.

Viele Jahre später sagte ein Wachmann, der die Frauen vor Überfällen schützen sollte, zu Amy: »Wenn diese vielen hundert Mädchen alle Juwelen tragen würden, wie es die indische Sitte verlangt, würde für alles Geld der Welt kein Wachmann gefunden werden, der sie beschützt.« Mit dankbarem Herzen sah Amy, wie Gott das Opfer der Frauen benutzt hatte, um sie vor Gefahr und Leid zu bewahren.

Opferbereitschaft bedeutet den Willen, für Gott etwas aufzugeben.

Ich ermahne euch nun, Brüder, durch die Erbarmungen Gottes, eure Leiber darzustellen als ein lebendiges, heiliges, Gott wohlgefälliges Opfer, was euer vernünftiger Gottesdienst ist (Röm. 12,1).

1. Warum entschied sich Ponnamal, ihre Juwelen abzulegen?
2. In welcher Weise beeinflusste dies das Denken der anderen christlichen Inderinnen? Wie wurde die Meinung über die Christen bei nichtchristlichen Frauen beeinflusst?
3. Wie können wir uns hier in unserem Land als lebendige Opfer für Gott darstellen? Überlege so viele Einzelheiten wie möglich.

Barmherzigkeit
»Kinderfangende Missie Ammal«

Während Amy Carmichael mit den »Leuchtenden Juwelen« von Dorf zu Dorf zog, um das Evangelium zu verkündigen, fielen ihr die kleinen Mädchen auf, die in den Hindutempeln zu wohnen schienen. Sie waren wunderschön gekleidet und sehr hübsch.

»Wer sind diese Kinder?«, fragte sie.

»Das sind die Tempelkinder«, antwortete Ponnamal traurig. »Sie sind den Göttern vermählt.«

Amy war entsetzt. Wie konnte jemand sein Kind an den Tempel abgeben oder verkaufen? Nach und nach erfuhr sie den Grund. Wenn die Eltern nicht in der Lage waren, eine gute Ehe zu arrangieren (was in Indien schon in ganz jungen Jahren getan wird), dann wurden die Kinder »den Göttern vermählt«, um Schande zu vermeiden. Oder eine Witwe würde ihr Kind an den Tempel verkaufen, um dringend benötigtes Geld zu erhalten. Oder man erfüllte damit ein Versprechen oder einen religiösen Schwur. Wie auch immer der Grund aussah, Amy wusste, dass es für die Kinder entsetzlich war.

Sie beschloss, etwas dagegen zu unternehmen. Manchmal versuchte sie, die Kinder vom Tempel wegzulocken. Doch die Tempelkinder wurden Tag und Nacht gut bewacht.

»Sieh dich vor«, bekamen die Kinder zu hören, »oder du wirst gefangen von der kinderfangenden Missie Ammal.« (*Ammal* bedeutet Mutter auf tamilisch.)

Am 6. März 1901 kamen Amy und die »Leuchtenden Sterne« spät abends von einer monatelangen Reise zurück. Am nächsten Morgen saß Amy auf der Veranda und genoss ihren Tee, als eine Nachbarin ein kleines Mädchen zu ihr brachte, das sie in der Nacht zuvor gefunden hatte.

Das Kind kletterte sofort auf Amys Schoß. »Bist du die kinderfangende Missie Ammal?«, fragte die Kleine. »Ich heiße Preena und ich möchte bei dir bleiben – für immer!«

Nach und nach erzählte Preena ihre Geschichte. Ihre Mutter hatte sie mit den Göttern vermählt, aber sie hatte immer Angst. Einmal war sie davongelaufen und rannte nach Hause zu ihrer Mutter. Aber ihre Mutter brachte sie gleich zurück und ihre Hände waren zur Strafe fürs Davonlaufen mit einem heißen Eisen verbrannt worden. Jetzt wurde sie scharf bewacht.

Aber immer noch wollte die siebenjährige Preena weglaufen. Wie sie es am 6. März schaffte, sich an den Wächtern vorbeizuschleichen, wusste sie nicht. (»Ein Engel muss sie aus ihrem Gefängnis geführt haben«, dachte Amy, »genau wie den Apostel Petrus.«) Wenn Preena ein paar Tage früher weggelaufen wäre, wäre Amy noch nicht zu Hause gewesen. Und wenn die Nachbarin sie schon früher am Tage gefunden hätte, würde sie das Kind wieder in den Tempel zurückgebracht haben. Nur Gott konnte so einen perfekten Plan erdacht haben.

Nun war Amy überzeugt, dass Gott Preena zu ihr geschickt hatte, damit sie sich um das Mädchen kümmern konnte. »Aber«, dachte die Missionarin im Stillen, »wie soll ich auf sie achten auf den langen Reisen, wenn ich von Dorf zu ziehe, um das Evangelium zu verkünden?«

Gott gab ihr bald eine Antwort. Amy erkannte, dass sie und die »Leuchtenden Juwelen« die Reisen aufgeben mussten, wenn immer mehr Tempelkinder bei ihnen Schutz suchten. Dann war es notwendig, den Kindern ein Heim zu geben. Sie nannte dieses Haus Dohnavur-Gemeinschaft.

Ein altes indisches Sprichwort lautet »Kinder fesseln die Füße ihrer Mutter« – und das bedeutet, dass eine Mutter nicht mehr kommen und gehen kann, wann sie will. Ihre erste Aufgabe sind ihre Kinder. Amy ließ ihre Füße »fesseln«, weil sie Erbarmen mit den Tempelkindern hatte. Sie hatte nicht nur Mitleid. Sie ließ zu, dass durch ihr Erbarmen ihr ganzes Leben verändert wurde.

 **Barmherzigkeit ist Mitgefühl für eine andere Person, das über bloßes Mitleid hinausgeht und dich anpacken lässt.**

 *So spricht der Herr der Heerscharen: Fällt zuverlässigen Rechtsspruch und erweist Güte und Barmherzigkeit einer dem anderen (Sach. 7,9).*

 1. Warum war Amy barmherzig zu den Tempelkindern?
2. Was resultierte aus ihrer Barmherzigkeit für diese Kinder? Welche Veränderungen brachte sie in Amys Leben?
3. Gibt es in deiner Nachbarschaft oder in deiner Schule jemanden, der dir leid tut? Könnte es diesem Menschen vielleicht helfen, wenn du freundlich und hilfsbereit wärest? Wie würde sich dein Leben dadurch verändern?

Dienstbereitschaft
Schmutzige Arbeit für Gott

Die Glocke am Eingang zur Dohnavur-Gemeinschaft klingelte Sturm. Als Amy Carmichael das Tor öffnete, stand einer der einheimischen Pfarrer vor ihr, mit einem Baby auf dem Arm.

»Sie ist erst dreizehn Tage alt«, berichtete er. »Ich habe sie aus dem Hindutempel gerettet. Kannst du sie nehmen, Amma?«

»Ohhhh!«, staunte die zehn Jahre alte Preena, als sie das winzige Gesicht sah. »Darf ich ihr einen Namen geben?« Preena war das erste der Tempelkinder gewesen, die bei Amy Schutz gefunden hatten. Amy lächelte und nickte zustimmend, worauf Preena ihren Vorschlag machte: »Nennen wir sie doch *Amethyst* – das ist einer der Edelsteine in der Heiligen Stadt.«

Als noch ein Baby nach Dohnavur gebracht wurde, gab Preena ihm den Namen Saphir.

1904 wohnten schon siebzehn Kinder in der Dohnavur-Gemeinschaft – sechs davon waren aus den Hindutempeln gerettet worden. Aber diese kleinen »Juwelen« machten eine Menge Arbeit, vor allen Dingen die Babys. Füttern, Bäuerchen, Windeln wechseln, baden, schmusen, trösten und schaukeln … und dann das Ganze wieder und wieder. Manchmal, wenn Amy ein schreiendes Baby im Arm wiegte, gingen ihre Gedanken zurück zu den aufregenden Reisen von Dorf zu Dorf, um den Leuten von Jesus zu erzählen. War ihre Entscheidung richtig gewesen, diese wichtige Arbeit aufzugeben, nur um auf Babys aufzupassen?

Dann las Amy in der Bibel noch einmal die Geschichte vom

Herrn, der sich hinkniete und Seinen Jüngern die Füße wusch. Das war schmutzige Arbeit, die Arbeit eines Dieners. Und Jesus sagte Seinen Jüngern, sie sollten Seinem Beispiel folgen.

»In Ordnung, ich werde es tun. Ich bin Gottes Magd«, stimmte Amy zu. »Und er *hat* diese Kleinen in meine Obhut gegeben.«

Aber für die »Leuchtenden Juwelen«, die Frauen, die Amy halfen, war es nicht so einfach. In Indien wird alles von der Kaste oder der gesellschaftlichen Gruppe, zu der du gehörst, entschieden: welche Arbeit du zu tun hast, wen du heiraten darfst, mit wem du dich anfreunden darfst. Es gab eine herrschende Kaste, eine Kaste für Metallarbeiter, eine Kaste für Bauern, eine medizinische Kaste, eine Kaste für Wagenbauer, eine Kaste für Straßenfeger und so weiter und so weiter. Sogar Diener waren in unterschiedlichen Kasten. Der Diener, der das Essen servierte, wusch sicher nicht die Töpfe und Pfannen ab!

Eines Tages kam eine neue Christin in die Dohnavur-Gemeinschaft und wollte gerne bei den Babys helfen. Aber als Amy sie bat, den Fußboden im Säuglingszimmer aufzuwischen, weigerte sie sich, das zu tun. »Ich kann nicht! Das ist gegen meine Kaste! Es wäre zu erniedrigend«, protestierte sie.

Amy nahm den Eimer mit Seifenlauge und kniete nieder. »Hausarbeit«, sagte sie ruhig, »ist wie alles andere Arbeit für Gott. Was immer wir tun, es wird eine gute und heilige Pflicht, wenn wir es für Gott tun.«

Die neue Helferin war beschämt, als die irische Missionarin fröhlich auf Knien den Zimmerboden schrubbte, was sie zuvor abgelehnt hatte.

Aber Ponnamal, die kluge indische Frau, die von Anfang an mit Amy zusammengearbeitet hatte, lächelte wissend. »Amma trägt uns nie eine Arbeit auf, die sie nicht selbst tut.«

Dienstbereitschaft bedeutet, jede Art von Arbeit zu tun, um dem Herrn Jesus eine Freude zu machen!

Wenn nun ich, der Herr und Lehrer, eure Füße gewaschen habe, so seid auch ihr schuldig, einander die Füße zu waschen. Denn ich habe euch ein Beispiel gegeben, dass auch ihr tut, wie ich euch getan habe (Joh. 13,14+15).

1. Was meinst du: Hatte Amy Carmichael eine gute Wahl getroffen, als sie das Reisen und Predigen aufgab, um auf Kinder aufzupassen? Warum ja oder warum nein?
2. Warum, meinst du, hat Amy den Boden selbst geschrubbt, anstatt der neuen Helferin zu befehlen, es zu tun?
3. Was kannst du heute tun, um dem Beispiel des Herrn zu folgen und dienstbereit zu sein?

Cameron Townsend

Begründer der
Wycliff-Bibel-Übersetzer

William »Cam« Townsend, der am 9. Juli 1896 geboren wurde, war ein dünnes Kind auf einer Farm in Kalifornien. Als er begann, am College zu studieren, hatte er noch keine Ahnung, was er mit seinem Leben anfangen wollte. Allerdings spitzte sich der erste Weltkrieg zu und er war ziemlich sicher, dass er eingezogen werden würde, also meldete er sich 1916 bei der Nationalgarde.

Dann lernte er Stella Zimmermann kennen, eine Missionarin in Mittelamerika. »Ihr Feiglinge!«, schalt sie. »In den Krieg zu ziehen, wo Millionen von anderen Männern auch sind und uns Frauen ganz allein die Arbeit für den Herrn tun lassen! Ihr werdet in Mittelamerika gebraucht, um Bibeln an Menschen zu verkaufen, die in der Finsternis wandeln.«

Cam war überrascht, dass sein Vorgesetzter bei der Nationalgarde bereit war, ihn für ein Jahr freizustellen, um für das Bibelhaus in Los Angeles Dienst zu tun und in Guatemala Bibeln zu verkaufen. Es war ein Jahr, das Cam Townsends Leben völlig veränderte.

In Guatemala angekommen stellte Cam fest, das längst nicht jeder Spanisch sprach oder die Bibeln lesen konnte, die er verkaufte. Es gab Hunderte von Indianersprachen, die noch niemals niedergeschrieben worden waren. Er war dreiundzwanzig Jahre alt, als er sich mir seiner frisch angetrauten jungen

Frau Elvira in einem Cakchiquel-Indianerdorf niederließ. Das junge Paar lebte in einem kleinen Haus aus Maisstämmen, unterrichtete in einer Schule und studierte die Sprache. Zwölf Jahre später wurde Cams Übersetzung des Neuen Testamentes in der Cakchiquelsprache veröffentlicht.

Aber es gab noch so viele andere Indianersprachen in Mittel- und Südamerika! Cam Townsends Vision, die Bibel in all die verschiedenen Sprachen der Indianer zu übersetzen, führte ihn dazu, das Summer Institut of Linguistics (SIL) zu eröffnen. Hier wurden Bibelübersetzer ausgebildet. Auch die Wycliff-Bibel-Übersetzer wurden gegründet, zur Einrichtung von Fonds, die die Arbeit unterstützten.

Im Jahre 1944 starb Elvira Townsend. Kurze Zeit später heiratete Cam ein zweites Mal. Die Townsends fuhren gemeinsam fort, die Wycliff-Arbeit auf die ganze Welt auszudehnen. Kurz nach seinem Tod im Jahr 1982 war die Zahl der Wycliff- bzw. SIL-Mitarbeiter auf sechstausend angewachsen, die in tausend verschiedenen Sprachgruppen arbeiteten. Cameron Townsends Lebensaufgabe – die »Heilige Schrift in jede Sprache zu übersetzen« – wird bis heute von den Wycliff-Bibel-Übersetzern fortgeführt.

Demut

»Kennen Sie Señor Jesús?«

Cameron Townsend mit seinen einundzwanzig Jahren war beides, aufgeregt und nervös, als er durch die Straßen von Antigua ging, einer Stadt, die am Fuße des Vulkans Agua liegt. Er war erst seit wenigen Wochen in Guatemala, zu kurz, um sich schon richtig an die Hitze zu gewöhnen, die heftigen Regenfälle, die Mahlzeiten aus Bohnen und Tortillas und die schäbigen Eisenbahnen, die zu allen möglichen Städten fuhren. Aber er konnte kaum erwarten, mit seinem Missionsauftrag weiterzukommen – Neue Testamente in spanischer Sprache zu verkaufen und die Frohe Botschaft weiterzugeben.

Heute hatte Mr. Bishop, ein altgedienter Missionar, ihn ermutigt, auf die Straßen zu gehen und etwas »persönliche Arbeit« zu tun (anderen das Evangelium direkt zu sagen). Cameron hatte sehr wenig Erfahrung im Zeugnisgeben in seiner Muttersprache und noch viel weniger in Spanisch, aber er war bereit, es zu versuchen.

Ein Mann mittleren Alters kam auf ihn zu. Camerons Herz begann sehr schnell zu schlagen. Als der Mann nah genug war, um ihn anzusprechen, raste Camerons Herz so sehr, dass er kein Wort herausbrachte. Enttäuscht von sich selbst, drehte er sich um und versuchte den Mann einzuholen. Aber sobald er nahe genug herankam, war er unfähig zu sprechen. Nachdem er ein drittes Mal an dem Mann vorbeigegangen war, gab Cameron auf.

»Ach Herr, hilf mir jetzt doch bitte«, bat er lautlos. Ihm kam ins Gedächtnis, dass die Frage »Kennen Sie den Herrn Jesus?«

immer ein guter Einstieg in ein Gespräch war. Cameron rief sich seine noch mageren Spanischkenntnisse ins Gedächtnis: »Herr« heißt auf Spanisch »Señor«. Und Jesús wird »Che-sus« ausgesprochen.

Cameron bog um eine Ecke und sah einen jungen Mann, der etwa in seinem Alter war. Er nahm allen Mut zusammen, ging zu dem jungen Mann und fragte: »Kennen Sie Señor Jesús?«

Der junge Mann schüttelte den Kopf. »Tut mir leid. Ich kann Ihnen leider nicht helfen«, sagte er höflich zu dem jungen Amerikaner. »Ich bin hier auch fremd und kenne diesen Mann nicht.« Er zuckte entschuldigend mit den Achseln und ging davon.

Cameron stand da, sprachlos. »Jesús« ist ein normaler Name in Ländern mit spanischer Sprache … und das Wort »Señor« bedeutet auch einfach »Herr« wie »Herr Müller«. So war das also. Der junge Mann hatte gedacht, Cameron würde ihn nach einem Herrn Jesús fragen, der hier in Antigua wohnte!

Verlegen ging Cameron zurück zum Missionsgebäude. Kein besonders guter Start, gab er zu. Aber nicht einen Augenblick dachte er daran aufzugeben. Er musste einfach besser Spanisch lernen und noch von den anderen Missionaren lernen. Schließlich war es Gott gewesen, der ihn hier hatte haben wollen und so wusste er, dass Gott ihm auch helfen würde zu lernen.

Allerdings war dieses Mal nicht der letzte erfolglose Versuch, das Evangelium weiterzusagen. Obwohl sein Spanisch immer besser wurde, merkte Cameron, dass viele der Indianer, die er ansprach, überhaupt kein Spanisch sprachen oder verstanden und noch weniger ein Neues Testament auf Spanisch lesen konnten. Viele der eingeborenen Indianer hatte ihre eigene Sprache – nicht nur eine, sondern hunderte von verschiedenen Stammessprachen. Aber er ließ sich nicht entmutigen, sondern betete und bat Gott, ihm zu zeigen, wie man diese Indianer mit dem Evangelium erreichen konnte.

Gott antwortete, indem er ihm einen Freund zur Seite stellte, einen christlichen Indianer namens Francisco Diaz. »Frisco«, wie er genannt wurde, lehrte Cameron die Cakchiquel-Sprache und wurde sein Partner. Als Frisco zwei Jahre später an Malaria starb, war Cameron Townsend nun in der Lage, das Neue Testament in die Cakchiquel-Sprache zu übersetzen.

 **Demut bedeutet, die eigenen Grenzen zu erkennen und sich auf Gottes Kraft zu verlassen, um eine Arbeit zu beenden.**

 *Und er hat zu mir gesagt: Meine Gnade genügt dir, denn (meine) Kraft kommt in Schwachheit zur Vollendung. Sehr gerne will ich mich nun vielmehr meiner Schwachheiten rühmen, damit die Kraft Christi bei mir wohne (2. Kor. 12,9).*

1. Was waren ein paar von Cameron Townsends Schwächen und Grenzen, als er nach Guatemala ging?
2. Wie ging Cameron daran, mit diesen Dingen fertig zu werden?
3. Wie kann uns das Anerkennen unserer eigenen Grenzen und Schwächen helfen, Gottes Macht zu nutzen?

Gehorsam
Das Evangelium im Biergarten

Obwohl Cameron Townsend erst seit ein paar Monaten in Guatemala war, entwickelte sich doch langsam so etwas wie ein Arbeitsschema. Er wanderte mit seinem Begleiter von Dorf zu Dorf mit Traktaten, die kostenlos verteilt wurden und mit den Neuen Testamenten, die sie verkauften. Bei jeder sich bietenden Gelegenheit sprachen sie mit den Menschen, die sie unterwegs trafen, über die Frohe Botschaft.

Cam beobachtete die Menschen sehr genau und lernte viel über ihre Sitten und Gebräuche. Er bemerkte, dass die *Ladinos* – die gebildeteren Menschen spanischer Herkunft – auf die eingeborenen Indianer herabsahen. Die Indianer wurden oftmals nur wenig besser als Tiere behandelt, mussten den Ladinos schwere Lasten schleppen, verrichteten deren harte Arbeiten und bekamen nur geringen Lohn dafür.

Cam fühlte sich von diesen Indianern angezogen, besonders von den Cakchiquel. Er dachte sich, dass es auch noch andere spanisch sprechende Missionare gab und dass diese den Ladinos das Evangelium bringen würden. Er würde sich zur Aufgabe setzen, mit den Indianern in ihrer eigenen Sprache zu sprechen.

Eines Tages, als Cam und sein Reisebegleiter in ein Dorf namens Viega einkehrten, sahen sie einen Cakchiquel-Indianer in einem Biergarten etwas trinken. Die beiden Missionare betraten den Biergarten, sprachen den Mann an und boten ihm ein Johannes-Evangelium als Geschenk an. Der Mann schüttelte den Kopf und winkte mit der Hand, dass sie gehen sollten. Mit einem freundlichen Gruß verließen Cam und sein Kamerad den Mann.

Sie waren erste ein paar hundert Meter die Straße hinuntergegangen, als sie merkten, dass der Mann ihnen nachlief. »Mein Name ist Tiburcio«, sagte er auf Cakchiquel. »Ich kann nicht lesen, aber ich werde jemanden finden, der es mir vorlesen kann.«

So ermutigt, lud Cam Tiburcio ein, am nächsten Sonntag zu einem abendlichen Treffen zu kommen, das in einem Nachbardorf stattfand. Cam war überrascht, als der Mann auch wirklich zu der Zusammenkunft erschien. Und als die Einladung erfolgte, stand er auf und sagte, er wolle Jesus Christus als seinen Retter annehmen.

Cam betete viele Jahre für Tiburcio – viel später erfuhr er, was geschehen war. Tiburcio war ein starker Trinker gewesen und war oft betrunken. Aber nachdem er sein Herz dem Herrn Jesus gegeben hatte, war er nie wieder betrunken. Seine Frau war begeistert von den Veränderungen an ihrem Mann – aber seine Freunde überhaupt nicht. Schließlich war es ein Zeichen von Männlichkeit, sich zusammen so richtig zu betrinken! Aber obwohl sie ihn verspotteten und sogar androhten, ihm etwas anzutun, Tiburcio gab seinen neugewonnenen Glauben nicht auf.

Als Tiburcio damit anfing, von dem Geld, das er sparte, weil er nicht mehr trank, seine Schulden abzuzahlen, fiel das sogar seinem Arbeitgeber auf. Der Besitzer der örtlichen Kaffeeplantage konnte den Unterschied sehen. Obwohl er nicht lesen und schreiben konnte, wurde Tiburcio zum Aufseher befördert. Sein Chef konnte sehen, dass aus dem ungebildeten Indianer ein ehrlicher, hart arbeitender Mann geworden war. Tiburcio selbst wurde niemals müde zu erzählen, was Jesus Christus alles für ihn und seine Familie getan hatte.

Als Cam diese Geschichte hörte, dachte er zurück an den Tag, als er in den Biergarten gegangen war und Tiburcio das

Evangelium von Johannes angeboten hatte. »Ich habe aus dieser Erfahrung gelernt«, sagte er, »dass Gott so ein einfaches Werkzeug wie mich gebrauchen konnte. Und wenn dieses Werkzeug Ihm willig folgte, konnte Er diesen Menschen dort zu Seiner Ehre einsetzen.«

 **Gehorsam bedeutet, Menschen anzusprechen, die Gott brauchen, auch wenn wir nicht abschätzen können, wie das Resultat aussehen wird.**

 *Denn wenn ich das Evangelium verkünde, so habe ich keinen Ruhm, denn ein Zwang liegt auf mir. Denn wehe mir, wenn ich das Evangelium nicht verkündigte (1. Kor. 9,16).*

1. Warum könnte Cameron es abgelehnt haben, in diesen Biergarten zu gehen (oder in eine Bar oder Kneipe)?
2. Warum entschloss er sich, in den Biergarten zu gehen?
3. Manchmal erwartet Gott von uns, Orte aufzusuchen, die wir normalerweise nicht betreten sollten, um den Menschen von Jesus zu erzählen. Was ist dabei wichtig?

Weisheit
Erste Bekanntschaft mit dem »Haupthoncho«

Nach etwa einer Stunde schnellen Marsches sahen Cameron und José, der ihn auf dieser Reise begleitete, das Dorf Iztapa an der Flanke eines zerklüfteten Berges kleben. »In diesem Städtchen gibt es einen indianischen Gläubigen«, sagte José. »Wir können bei ihm Rast machen und etwas essen, ehe wir mit der Arbeit beginnen.«

»Es gibt hier sicher eine Menge Soldaten«, bemerkte Cam, dachte aber nicht weiter darüber nach. Die Militärs hatten ihn bisher noch nicht gestört.

Nach einem herzhaften Essen im Haus des indianischen Christen, gingen José und Cam die erste Straße entlang und verteilten Traktate an jeden, der eines wollte. Cam gab etliche Exemplare einer Gruppe von Männern, die vor dem Eingang einer Kneipe standen. Die Besitzerin trat vor die Tür – eine Frau mittleren Alters in einer schmutzigen Schürze, mit einem weißen Kopftuch um die Haare. Cam gab auch ihr höflich ein Traktat.

Die Kneipenbesitzerin warf einen Blick auf das Blatt. Dann lächelte sie spöttisch, entzündete ein Streichholz und verbrannte es. »Raus, raus!«, keifte sie die beiden Männer an.

Ihre Besucher lachten grölend. Cam und José sagten höflich »Adiós« und beschlossen, es anderswo zu versuchen. Aber die Bewohner dieser Stadt reagierten bestenfalls kühl, manchmal sogar feindselig. Als sie erneut versuchten mit einer Gruppe von Männern ins Gespräch zu kommen, bildete sich auf der Straße ein Auflauf. »Teufel!«, schrien die Leute. »Wir beten die Jungfrau Maria an! Haut ab oder wir lassen euch verhaften!«

Cam und José versuchten die Beschimpfungen und den Spott zu ignorieren, aber als die Sonne hinter den Bergen zu verschwinden begann, marschierten sechs Soldaten auf sie zu. »Haben Sie das *boleto de ornato*?«, fragte der Leutnant.

Cam wusste nicht, was ein *boleto* war, aber er hörte, wie José sagte, sie hätten keines. »Dann folgen Sie mir«, befahl der Leutnant. »Sie müssen dem Bürgermeister vorgestellt werden.«

Der Bürgermeister, nicht mehr ganz nüchtern, verlangte auch das *boleto* zu sehen. Als José mit dem Bürgermeister verhandelte, bekam Cam mit, dass ein boleto ein amtliches Papier war, mit dem jeder Bürger nachweisen konnte, dass er seine Steuern bezahlt hatte. Da José seines nicht hatte, kostete dies die beiden neun Pesos, inklusive einer Geldstrafe.

Aber nachdem dies geklärt war, erzählte Cam dem Bürgermeister von ihrer Arbeit. »Wir sind eure Diener«, sagte er dem Bürgermeister mehrmals. Als sie das Büro verließen, hatte er sich die Frohe Botschaft angehört und verschiedene Traktate entgegengenommen.

»Wir hätten zuerst ihn besuchen sollen«, sagte Cam, als sie zu ihrer Unterkunft zurückwanderten.

Cam lernte durch Ausprobieren. Auf diese Weise entstand seine Arbeitsmethode. »Betrachte deine Erlebnisse ganz genau, suche nach dem Prinzip, das sich dahinter verbirgt und verwende das Prinzip in deinem Leben.« Anders ausgedrückt: Schau dir an, was du erlebst, sieh zu, was funktioniert und verwende dieses Wissen, um besser zu arbeiten. Für Cam gab es zwei ganz wichtige Prinzipien: »Beobachte die korrekten Umgangsformen (und passe dich an)« und »Sei höflich zu Menschen des Landes, in dem du Gast bist«. Oder grundsätzlich, mach dich zuerst beim »Haupthoncho«, dem Obersten des Landes, bekannt, um seine Erlaubnis zu bekommen und ihn so für deine Arbeit zu gewinnen.

Als Camerons Dienst im Laufe der Jahre immer mehr mittel- und südamerikanische Länder umfasste, bedeutete das oft, die Erlaubnis des Präsidenten eines dieser Länder einzuholen. Obwohl verschiedene andere mit ihm uneins waren, weil er auch versuchte, mit harten, diktatorischen Regierungen zusammenzuarbeiten, vergass Cameron nie, dass er Gast in diesen Ländern war. Er versuchte möglichst immer freundlich und höflich zu arbeiten, so dass Menschen das Evangelium hören konnten.

Weisheit gewinnt man, indem man aus Erfahrungen lernt.

Die Furcht des HERRN ist Zucht zur Weisheit und der Ehre geht Demut voran (Spr. 15,33).

1. Aus welchem Grund sagte Cameron: »Wir hätten zuerst zu ihm (dem Bürgermeister) gehen sollen?«
2. In welcher Weise denkst du, war Cams Prinzip der Höflichkeit und Freundlichkeit beim Weitergeben des Evangeliums hilfreich?
3. Welche Weisheit hast du durch Ausprobieren schon gewonnen?

Eric Liddell

Olympiasieger und China-Missionar

Eric Liddell kam 1902 in China zur Welt. Seine Eltern waren Missionare aus Schottland. Als Eric fünf Jahre alt war, wurde er zusammen mit seinem älteren Bruder Robbie zurück auf die Britischen Inseln geschickt, um dort in London zur Schule zu gehen. Die beiden Jungen vermissten ihre Eltern und ihre kleine Schwester sehr, entwickelten sich in dem Internat »für Missionskinder« aber sehr gut. (Die Schule wurde später in Etham College umbenannt.)

Allen in der Schule fiel schnell auf, dass die Liddell Brüder geborene Athleten waren. Sie spielten Rugby und Kricket und machten bei allen möglichen Leichtathletik-Disziplinen mit: Querfeldeinrennen, Hochsprung, Weitsprung, 100 m Sprint, Hürdenlauf und 220 m Lauf. Laufen war Erics liebste Sportart und als seine Zeit an der Universität begann, nahm man immer mehr Notiz von seiner unglaublichen Geschwindigkeit.

Eric und Robbie sahen ihre Mutter, ihre kleine Schwester und dann den kleinen Bruder nur alle fünf Jahre – zwölf Jahre dauerte es, bis sie ihren Vater wiedersahen. Aber wenn Mary und James Liddell dann Heimaturlaub bekamen, konnten sie ein oder zwei Jahre mit ihren heranwachsenden Söhnen verbringen, ehe sie wieder nach China zurückkehrten. Die Trennung in der Familie war schmerzvoll, für die Eltern wie für die Kinder. Obwohl James und Mary stolz waren auf die Medaillen, die ihr zweitältester Sohn gewann, so machten sie sich doch insgeheim Sorgen, ob der Sport oder Gott den ersten Platz in seinem Herzen einnahm.

1924 war Eric, im Alter von zweiundzwanzig Jahren, Großbritanniens große Hoffnung auf eine Goldmedaille bei der Olympiade in Paris. Aber als der Wettkampf anstand, weigerte sich Eric in seinen besten Disziplinen, dem 100- und 220 m-Lauf, anzutreten, weil beide Läufe an einem Sonntag stattfanden. Die Presse kritisierte ihn scharf, aber aus der Kritik wurde Begeisterung, als er lief – *und* mit einem Weltrekord siegte – in der 400 m Disziplin, einer Strecke , für die er so gut wie nie trainiert hatte.

Schottland und die Welt hatten einen neuen Helden! Jedermann war erstaunt, als Eric verkündete, er wolle nach China zurückkehren, um dort im Land seiner Herkunft als Lehrer in der Mission zu arbeiten. Und in China starb er auch an einem Gehirntumor, im Alter von dreiundvierzig Jahren, während er in einem kommunistischen Lager für Ausländer interniert war, gerade zwei Monate bevor der zweite Weltkrieg endete. Er hinterließ eine Frau und drei Töchter und ein Beispiel für geradlinigen Glauben, Barmherzigkeit und dienende Hingabe für den Einen, der sein Leben immer bestimmte: Jesus Christus.

Beharrlichkeit
Das unmögliche Rennen

Einer der Zuschauer im Stadion von Stoke-on-Trent in England stieß seinen Nachbarn in die Rippen. »He, guck dir diesen Schotten mal an. Der schüttelt seinen Konkurrenten die Hand – hat man so was schon gesehen!«

Tatsächlich, Eric Liddell ging von einem der Läufer aus Schottland, England und Irland zum anderen, gab jedem die Hand und wünschte ihm »Viel Erfolg für den Lauf«. Dann ging er zurück zu dem Startplatz, den er für den 220 m-Lauf vorher gezogen hatte: die Innenbahn, Start an der Kurve.

Man schrieb das Jahr 1923 und Eric Liddell war Student der Naturwissenschaften an der Universität von Edinburgh. Aber ein Freund, der von Erics überragenden sportlichen Leistungen im Internat wusste, überredete ihn, sich doch im Leichtathletikteam der Universität zu versuchen. Jetzt sprachen die Leute davon, dass er gute Chancen hatte, Großbritannien 1924 bei der Olympiade zu vertreten.

Der Startschuss ging los und Eric kam gut vom Start weg – ungefähr drei Schritte. Dann stolperte plötzlich ein Läufer namens Gillies und fiel gegen Eric, was ihn aus der Bahn auf das Gras warf. Sicher, dass er damit disqualifiziert war, blieb Eric stehen. Die Enttäuschung stieg in ihm hoch.

Aber dann bemerkte er Bewegung. Die Rennleitung winkte ihn weiter! Er war gar nicht disqualifiziert. Ein kurzer Blick auf das Feld zeigte ihm, dass die Läufer schon fast zwanzig Meter Vorsprung hatten. Trotzdem, fast ohne nachzudenken, schoss Eric auf die Strecke, die Beine wie wild an der Arbeit.

Eric Liddell 189

»Was meint er denn, was das wird?«, rief ein Zuschauer auf der Tribüne. »Niemand kann so einen Vorsprung aufholen!«

»Guck mal, wie er rennt«, lachte sein Freund neben ihm, »Kopf zurück, die Arme wild am Rudern – er sieht aus wie ein schwimmendes Pony im Zirkus!«

Es war die Wahrheit. Erics Laufstil sah merkwürdig aus. Er hatte den Kopf zurückgeworfen, seine Hände stachen in die Luft und seine Knie stießen auf und nieder wie der Kolben an einem Motor. Aber zur Überraschung der Zuschauer schob er sich Zentimeter für Zentimeter an mehreren Läufern vorbei und lag auf Platz vier, als das Feld in die Zielgerade einbog.

Gillies, der Läufer, der gestolpert war, hatte sich schnell erholt und lag in Führung. Und jeder konnte sehen, dass Eric Liddel durch seine eiserne Aufholjagd am Rand eines Kollapses stand. Trotzdem, er rannte weiter, schnappte nach Luft; die Beine arbeiteten wie mechanisch. In den letzten Sekunden des Rennens ließ Eric den Dritten hinter sich …, dann den Zweiten … und mit tapferer Entschlossenheit schob er sich schließlich an Gillies vorbei und gewann das Rennen mit einem halben Meter Vorsprung.

Die Zuschauermenge im Stadion brach in überschäumenden Jubel aus; laute Hurrarufe füllten das Stadion. Nach dem Überqueren der Ziellinie fiel Eric wie tot zu Boden. Er war völlig ausgepumpt. Eine Tragbahre wurde gebracht und Eric wurde von der Bahn getragen, hin zu den laut jubelnden, aufgeregten Fans, die noch nie zuvor eine solch wilde Entschlossenheit gesehen hatten.

»Wie haben Sie es fertiggebracht, ein so aussichtsloses Rennen zu gewinnen?«, fragte ein Zeitungsreporter.

Eric brachte ein schwaches Lächeln zustande: »Die erste Hälfte lief ich so schnell, wie ich konnte. Die zweite Hälfte lief ich noch schneller, mit Gottes Hilfe.«

Beharrlichkeit bedeutet, eine Aufgabe zu Ende zu bringen, auch wenn dies aussichtslos zu sein scheint.

Jesus aber sah sie an und sprach zu ihnen: Bei Menschen ist dies unmöglich, bei Gott aber sind alle Dinge möglich (Mt. 19,26).

1. Warum denkst du, rannte Eric weiter, obwohl es unmöglich erschien, den Vorsprung aufzuholen?
2. Was wäre passiert, wenn Eric nicht als Erster, sondern an zweiter oder dritter Stelle durchs Ziel gegangen wäre? Was würdest du dann von seinem Lauf denken?
3. Hast du irgendeine Aufgabe, von der du denkst, es sei unmöglich, sie zu lösen? Was meinst du, könntest du mit Gottes Hilfe tun?

Unbestechlichkeit
»Ich kann nicht laufen.«

He, Liddell!«, rief einer von Erics Olympiateam-Kameraden. »Der Zeitplan ist gerade gekommen!«

Das Team, das ganz Großbritannien vertrat, bestand aus Sportlern, die aus England, Schottland, Irland und Wales stammten. Alle hatten fieberhaft auf den olympischen Zeitplan gewartet, um zu sehen, an welchen Tagen und zu welchen Zeiten ihre jeweiligen Starts sein würden. Der Juli war gerade vorbei und das Team würde in Kürze nach Paris aufbrechen.

»Zwei Sekunden! Deine Zeit ist abgelaufen«, lachte Eric und griff nach dem Plan. Aufgeregt fuhr er mit dem Finger die Spalten entlang, auf der Suche nach dem 100 m-Lauf, seiner besten Disziplin. Plötzlich wurde er bleich und sah seine Kameraden an.

»Ich kann nicht laufen«, sagte er ruhig.

»Was? Nicht laufen? Was soll das denn heißen?«

»Sie haben die Ausscheidungsläufe für die hundert Meter auf Sonntag gelegt.«

»Na und? Wo liegt das Problem?«

Eric holte tief Luft. »Ich laufe sonntags nicht. Der Sonntag ist dazu da, Gottesdienst zu feiern, nicht um Wettkämpfe zu halten. Jedenfalls für mich.«

Seine Kameraden starrten ihn an, aber niemand lachte ihn aus. Dafür hatten sie zuviel Achtung vor Eric Liddell. Sogar die Verantwortlichen für das britische Team, die von der Neuigkeit aufgeschreckt waren, versuchten, den Zeitplan ändern zu lassen – ohne Erfolg.

Aber als die Nachricht publik wurde, dass der größte Hoffnungsträger auf eine Goldmedaille im 100 m Lauf, *(für Großbritannien zum allerersten Mal überhaupt)*, sich weigerte zu laufen, reagierten andere weit weniger freundlich.

»Warum kann er am Sonntag nicht starten und das Rennen einfach Gott widmen?«, beschwerten sich einige.

»Er ist ein Vaterlandsverräter und nichts weiter«, sagten andere wütend. »Was muss das für ein Mensch sein, der sich weigert, sein Land zu vertreten, bloß weil der ausgeloste Tag für das Rennen ihm nicht passt!«

Die Zeitungen schalten ihn und die Leute wunderten sich, warum er so einen Wirbel veranstaltete. Aber Eric Liddell veranstaltete keinen Wirbel. Er beharrte nur darauf, ein Versprechen zu halten, das er vor langer Zeit einmal gegeben hatte – das Versprechen, den Sonntag als Tag des Herrn zu ehren, als Tag der Ruhe von Arbeit und Sport.

Trotzdem, Eric war Mitglied der britischen Olympiamannschaft und so fing er an, für den 400 m Lauf zu trainieren, der nicht am Sonntag ausgetragen wurde. Dummerweise war diese Distanz nicht gerade seine Stärke. Als die Mannschaft in Paris eintraf, regte sich die Presse noch immer über seinen Entschluss auf, nicht im 100 m Lauf zu starten. Am Samstag marschierte Eric mit seinen Mannschaftskameraden, in hellen Hosen, blauem Blazer und weißem Strohhut bei der Eröffnungszeremonie ins Stadion ein. Aber am Sonntag stand er, während die Ausscheidungsläufe stattfanden, in einer schottischen Kirche in Paris und sprach über seine Hingabe an Christus.

Am Donnerstag und am Freitag qualifizierte sich Eric bei den Anfangsläufen und im Halbfinale für die Teilnahme am 400 m Endlauf, obwohl seine Zeiten nichts Besonderes waren. Kurz vor dem Finale gab ein Trainer, der Eric sehr großen Respekt entgegenbrachte, ihm einen Zettel, auf dem stand: »In dem alten Buch (der Bibel) steht: ›Denn die mich ehren, werde auch ich ehren.‹ Ich wünsche Ihnen immer den größten Erfolg.«

Eric schüttelte seinen Konkurrenten die Hände und stellte sich in Startposition für den Endlauf. Der Startschuss knallte … und als das Rennen vorbei war, hatte Eric Liddell nicht nur den 400 m Lauf gewonnen, sondern auch einen neuen Weltrekord von 47,6 Sekunden aufgestellt!

Die Menge jubelte. Niemand hatte erwartet, dass ein Hundertmeterläufer so ein Rennen gewinnen könnte. Die Kritik wandelte sich in Bewunderung. Großbritannien und die Welt hatten einen neuen Helden – und neuen Respekt vor einem Mann, der lebte, was er glaubte.

 **Unbestechlichkeit ist die Wahl, das zu tun, was deiner Überzeugung entspricht, auch wenn Menschen dich missverstehen.**

 *Ist es aber übel in euren Augen, dem Herrn zu dienen, dann erwählt euch heute, wem ihr dienen wollt … Ich aber und mein Haus, wir wollen dem Herrn dienen! (Jos. 24,15).*

1. Was denkst du über Eric Liddells Entscheidung, auch bei der Olympiade am Sonntag nicht zu starten? Hättest du dich auch so entschieden? Warum oder warum nicht?
2. Nenne jemanden, den du kennst, der unbestechlich ist.
3. Wo wirst du vor Entscheidungen gestellt zwischen dem, was andere von dir erwarten und deinem Glauben?

Fairness
Der fliegende Schotte

In den zwanziger Jahren, als Eric Liddell für Schottland an den Start ging, gab es noch keine Startblöcke an der Startlinie, aus denen die Läufer lossprinteten. Stattdessen grub jeder mit dem Fuß ein Loch in den Boden, um besser spurten zu können. Eric, der oft erfinderisch war, hatte immer eine kleine Kelle bei sich, um die Löcher für seine Zehen zu graben. Statt seine Idee aber für sich zu behalten, reichte er das Werkzeug in der Reihe weiter, so dass auch die anderen davon profitieren konnten.

Das war einfach die Sorte Mensch, zu der er gehörte.

Einige Wochen vor der Olympiade von 1924 nahm Eric an einem Rennen in Schottland teil. Der Tag war bedeckt und ein kühler Wind wehte. Eric sah einen seiner Konkurrenten fröstelnd am Streckenrand sitzen – in Shorts und Turnhemd. Er zog seinen blauen Blazer aus, der zu seiner Mannschaftsuniform gehörte, hängte ihn dem anderen um und sagte freundlich: »Du solltest aufpassen, dass du dich nicht erkältest.«

Vor einer internationalen Veranstaltung sah Eric einen afrikanischen Läufer allein am Rand stehen, während die anderen Läufer sich unterhielten und miteinander lachten. Er verließ die Gruppe und ging hinüber, um sich mit ihm zu unterhalten.

Eines Tages ging Eric gerade zu seinem Startplatz auf der Innenbahn, dem besten Startplatz für ein 400 m Rennen, da bemerkte er den Läufer, der die Außenbahn gezogen hatte. Dieser Mann war kein besonders guter Läufer und zur damaligen Zeit gab es noch keine versetzten Startpositionen, um alle

Bahnen gleich lang zu machen. Der Läufer auf der Außenbahn musste weiter laufen, um die Zielgerade zu erreichen. Eric ging hinüber zu dem anderen und fragte, ob er mit ihm die Plätze tauschen würde. »Ich fühle mich auf der Außenbahn einfach wohler«, grinste er.

Erics Freundlichkeit gegenüber anderen hatte auch eine humorvolle Seite. Als er nach China zurückkehrte, um dort als Lehrer in der Mission zu arbeiten, fuhr er fort an sportlichen Wettkämpfen teilzunehmen. Einmal musste er, um zum Stadion zu kommen, in der Stadt Tientsin mit der Fähre einen Fluss überqueren. Die letzte Fähre fuhr um fünfzehn Uhr zurück. Eric stellte erschreckt fest, dass sein Lauf erst um 14.30 Uhr beginnen sollte, so dass ihm höchsten eine halbe Stunde für die Rückkehr zur Fähre blieb. Deshalb rief er ein Taxi und bat den Fahrer, mit laufendem Motor vor dem Stadioneingang zu warten. Um 14.30 Uhr lief Eric sein Rennen – und gewann. Aber als er das Zielband durchtrennt hatte, rannte er weiter dem Ausgang zu! In diesem Moment begann das Orchester die britische Nationalhymne zu spielen, um den Sieger zu ehren. Eric kam mit »kreischenden Bremsen« zum Stehen und verharrte mit der Menge in respektvollem Schweigen. Als die letzte Note verklungen war, sprintete er wieder los … nur um gleich wieder zum Stillstand zu kommen, weil jetzt »Die Marseillaise« gespielt wurde, um den Franzosen zu ehren, der Zweiter geworden war.

Endlich saß er im Taxi, das durch die Straßen zu den Docks raste, nur um die Fähre gerade ablegen zu sehen. Eric, der immer noch sein Trikot anhatte, sprintete am Dock hinunter, flog in einem gewaltigen Satz über fünf Meter Wasser und landete mit einem Plumps an Deck der Fähre. Als die Geschichte bekannt wurde, bekam Eric Liddell den Spitznamen »der fliegende Schotte«.

Obwohl Eric Olympiasieger war, vergass er nie die anderen, die hart trainierten und gut liefen, aber nicht siegten. Im Gedanken an sie sagte er voll Respekt: »Im Staub der Niederlage ist ebenso wie im Siegerkranz Ehre zu finden, wenn jemand sein Bestes gegeben hat.«

Fairness bedeutet, anderen mit Respekt zu begegnen, auch den Konkurrenten in einem Wettkampf.

Tut nichts aus Eigennutz oder Ruhmsucht, sondern dass in der Demut einer den anderen höher achte als sich selbst; (Phil. 2,3).

1. Wie ist wohl Eric Liddells Fairness von seinem christlichen Glauben geprägt worden?
2. Wo es einen Sieger gibt, muss es auch Verlierer geben. Wie war Erics Einstellung gegenüber »Verlierern«?
3. Wie bestärkt dich Erics Beispiel, mehr Fairness gegenüber anderen zu zeigen?

Gladys Aylward
Die kleine Frau

Im Jahr 1902 in einer Arbeiterfamilie geboren, hatte Gladys Aylward nur einen Wunsch: als Missionarin nach China zu gehen. Allerdings hielt man sie in der China-Inlandsmission nicht für ausreichend qualifiziert. Doch der Gedanke, dass Gott sie in China haben wollte, ließ ihr keine Ruhe. Als Gladys hörte, dass eine ältere Missionarin in China eine Mitarbeiterin suchte, sparte sie genug von dem Geld, das sie als Hausmädchen verdiente, um sich eine Fahrkarte, nur Hinfahrt, zu kaufen. Im November 1932 traf sie in Yangcheng, China, ein.

Die Missionarin, Jennie Lawson, führte eine Raststätte für Maultiertreiber, die ihren Weg über die Berge nahmen. Das Haus bot den Menschen nicht nur Essen und einen Platz zum Schlafen, sondern auch biblische Geschichten, erzählt von den beiden Missionarinnen.

Einige Monate nach Gladys´ Eintreffen starb Jennie Lawson allerdings, und Gladys musste die Arbeit allein weiterführen.

1938 wurde Yangcheng von den Japanern bombardiert. Gladys hatte schon vorher einige Waisenkinder adoptiert. Jetzt kamen noch viel mehr elternlose Kinder, um in der *Herberge der Sechsten Glückseligkeit* zu leben. Die Japaner hielten sie jedoch für eine Spionin, so dass es in Yangcheng für sie nicht länger sicher war. Im März 1940 flüchtete Gladys zusammen mit einhundert Kindern über die Berge in die benachbarte Provinz. Nach einem Monat war sie sicher angekommen – ohne ein einziges Kind zu verlieren!

Aber Gladys war schwach und krank geworden. Ein ameri-
kanischer Freund half ihr 1942 nach England zurückzureisen,
um ihre Familie wiederzusehen. Während ihres Aufenthaltes
dort schlossen die Kommunisten die Grenzen Chinas für alle
Ausländer.

1957 segelte Gladys noch ein weiteres Mal nach China, diesmal nach Formosa. Sie gründete dort das Gladys-Aylward-Wai-
senhaus und bald lebten dort hundert Kinder. Hier arbeitete
Gladys Aylward, die kleine Frau, die als Missionarin nicht ge-
nügend qualifiziert war, und diente Gott bis zu ihrem Tod im
Jahr 1970.

Vertrauen
Nicht gut genug

Gladys saß unruhig im Zimmer des Schuldirektors. Man schrieb das Jahr 1928 und sie besuchte seit drei Monaten das Missionsseminar für die China-Inlandsmission. Wozu nun diese Besprechung?

»Gladys«, begann der Direktor vorsichtig, »Ihre Noten im ersten Semester sind ... nun ja eher schlecht. Es würde eine Verschwendung von Zeit und Geld sein weiterzumachen.«

»Aber«, Gladys protestierte entschieden, »ich weiß schon mein ganzes Leben lang, dass Gott mich als Missionarin in China haben möchte.«

»Außerdem«, fuhr der Direktor unbeirrt fort, »werden Sie zum Zeitpunkt Ihres Abschlusses fast dreißig Jahre alt sein. Das ist zu alt, um eine so schwere Sprache wie Chinesisch zu lernen.«

Mit hängenden Schultern wandte sie sich zur Tür.

»Aber ich kann Ihnen helfen, eine Stelle als Haushälterin zu bekommen«, fügte er noch hinzu und wollte damit helfen.

Eine Haushälterin! Gladys war enttäuscht und traurig. Sie war ganz sicher, dass Gott sie in China haben wollte. Aber sie nahm die Arbeit als Haushälterin bei zwei Missionaren im Ruhestand an. Diese beiden bestärkten sie in ihrem Wunsch, als Missionarin zu arbeiten. Sie verschafften ihr eine Stelle als Schwester bei einer Rettungswacht in Süd Wales, wo sie die Flussufer nach Mädchen absuchte, die von zu Hause ausgerissen waren – Mädchen, die oft von Kriminellen aufgelesen wurden. Mit ihrer zierlichen Figur und nur 1,50m groß wirkte Gladys ziemlich fehl am Platz zwischen all den hünenhaften, rauen Seeleuten, die in den Docks arbeiteten. Aber sie ging jeden Tag nach draußen, wo es unwirtlich, kalt und feucht war und brachte die verstörten Ausreißer in Sicherheit, bis sie wieder nach Hause geschickt werden konnten.

Eine schlimme Lungenentzündung machte einen Genesungsurlaub in London nötig. Sie war mit ihrer Mutter in der Kirche, als sie plötzlich jemanden von einer älteren Missionarin namens Jennie Lawson in China erzählen hörte. Jennie suchte eine junge Mitarbeiterin zur Unterstützung.

»Nun«, dachte Gladys im Stillen, »das bin ich.«

Sobald es ihr besser ging, suchte sie sich eine Stelle als Hausmädchen. Sie würde jeden Pfennig sparen, um die Fahrkarte nach China zu kaufen! Ihr Arbeitgeber war Sir Francis Younghusband, ein Schriftsteller, der China durch viele Reisen sehr gut kannte. Er lieh ihr Bücher über das Land, die sie in ihrer freien Zeit lesen konnte.

Eines Tages ging Gladys mit all ihren Ersparnissen zu einer Reiseagentur. »Was kostet eine Fahrkarte nach China?«, fragte sie.

Der Angestellte lächelte die kleine Frau in dem dünnen Mantel an. Offensichtlich war sie arm. Vielleicht machte es ihr Freude so zu tun, als reiste sie weit fort. »Wenn Sie mit dem Boot fahren kostet es neunzig Pfund«, war seine Antwort.

Neunzig Pfund! Gladys hatte erst ein paar Pfund gespart. »Gibt es einen billigeren Weg?«, wollte sie wissen.

Der Schalterbeamte zuckte die Achseln. »Eine *Eisenbahn*fahrkarte würde nur fünfundvierzig Pfund kosten, aber –.«

«Das nehme ich!« Gladys strahlte. »Stellen Sie mir eine Fahrkarte aus, und ich werde Ihnen jeden Freitag Geld bringen, bis alles bezahlt ist.«

Der Angestellte schüttelte den Kopf. »Sie können momentan nicht mit dem Zug nach China fahren. Russland und China führen Krieg gegeneinander. Die Grenzen sind geschlossen.«

Gladys lächelte nur. »Wenn ich genug Geld zusammengespart haben werde, wird der Krieg vorbei sein«, sagte sie zuversichtlich.

Am 15. Oktober 1932 war es dann soweit. Gladys umarmte Mutter und Vater zum Abschied und setzte sich in ihr Eisenbahnabteil. Vier Wochen später und fünftausend Meilen weiter ließ sie vorsichtig ihre schmerzenden Knochen vom Rücken eines Maultieres gleiten. Sie stand vor einer heruntergekommenen Raststätte in den Bergen von Yangcheng. Die weißhaarige Jennie Lawson stürzte heraus, um sie zu begrüßen.

Gladys Aylward, für eine Missionarin »nicht gut genug«, war in China angekommen!

Vertrauen bedeutet, fest daran zu glauben, dass Gott dir helfen wird, Seine Arbeit zu tun, auch wenn die Menschen glauben, du seist dafür ungeeignet.

Ich bin ebenso in guter Zuversicht, dass der, der ein gutes Werk in euch angefangen hat, es vollenden wird, bis auf den Tag Christi Jesu (Phil 1,6).

1. Warum hat wohl Gladys ihren Traum, nach China zu gehen, nicht begraben, als die Missionsgesellschaft ihr mitteilte, sie sei nicht geeignet?
2. Was ist der Unterschied zwischen dem Vertrauen zu dir selbst und dem Vertrauen zu Gott?
3. Wie kann das Vertrauen auf Gottes Allmacht dir bei einem anstehenden Problem helfen?

Einfallsreichtum

Der offizielle Fuß-Inspektor

Gladys Aylward lag auf ihrem Feldbett in der *Herberge der Sechsten Glückseligkeit*. Sie fühlte sich sehr einsam. Jennie Lawson, die weißhaarige Missionarin, die eine Mitarbeiterin gesucht hatte, war an den Folgen eines Sturzes gestorben, knapp ein Jahr, nachdem Gladys eingetroffen war.

»Wie soll ich die Steuern für das Rasthaus aufbringen?« Gladys machte sich Sorgen. »Das bisschen Geld, das wir von den Maultiertreibern einnehmen, die hier anhalten, reicht gerade für Lebensmittel und Kohlen. Und die Chinesen nennen mich immer noch einen »fremden Teufel«. Wie soll ich jemals dazu kommen, ihnen von Jesus zu erzählen?« Dann war sie ärgerlich auf sich selbst. »Gott hat mich den langen Weg bis nach China gebracht. Er wird mich jetzt nicht im Stich lassen.«

In diesem Moment hörte sie ein energisches Klopfen an der Tür. »Miss Gladys«, rief Yang, der Koch. »Kommen Sie schnell. Der Mandarin ist hier, um Sie zu sehen.« Gladys sprang auf. »Oh Nein!«, dachte sie. »Der Mandarin ist sicher zornig, weil ich die Steuern nicht bezahlt habe. Vielleicht ist er gekommen, um mich zu verhaften.« Trotz ihrer Unruhe hastete sie in den Hof, wo der Gouverneur der Provinz mit einigen seiner Beamten stand. Er war ein vornehm aussehender Mann, mit einem langen, schwarzen Zopf am Hinterkopf und einem langen Schnurrbart, dessen Enden fast bis auf die Brust reichten. Seine Kleidung war aus feiner Seide, mit weiten Ärmeln, in denen er jetzt seine Hände versteckt hielt.

Gladys neigte den Kopf zu einer respektvollen Verbeugung.

Sie wurde sich ihrer eigenen ausgebleichten und geflickten blauen Kleidung bewusst. Aber der Mandarin schien davon nichts zu bemerken. »Miss Aylward«, sagte er höflich, »ich möchte Sie zu meinem offiziellen Fuß-Inspektor ernennen.«

Gladys war irritiert. »I-Ihr was?« »Das neue Nationalparlament hat das Gesetz abgeschafft, nach dem Mädchen von Kind an die Füße eingebunden werden, um sie klein zu halten. Ich benötige nun einen Fuß-Inspektor, der in die Bergdörfer geht und sicherstellt, dass dem Gesetz gehorcht wird.«

»Aber ... warum ich?«, stieß Gladys hervor. »Weil es Männern nicht erlaubt ist, die Füße einer Frau zu sehen – und dann sind Sie eine Fremde, deren Füße niemals eingebunden waren. Ich werde Ihnen ein monatliches Gehalt, ein Maultier zum Reiten und zwei Soldaten als Begleitung geben. Sie werden mit meiner Vollmacht darauf achten, dass das Gesetz befolgt wird.«

In Gladys´ Kopf wirbelten die Gedanken durcheinander. Sie war nach China gekommen, um als Missionar zu arbeiten, nicht als Fuß-Inspektor! Hatte der Mandarin gefragt, ob sie die Aufgabe übernehmen wollte, oder hatte er ihr einen Befehl erteilt? Woher würde sie die Zeit nehmen, das Rasthaus zu führen und den Menschen von Jesus zu erzählen, wenn sie sein Angebot annahm? Es sei denn ... »Es wird mir eine Ehre sein, Ihr Fuß-Inspektor zu sein«, sagte sie kühn, »unter einer Bedingung. Wenn ich die Dörfer besuche, muss ich die Erlaubnis haben, den Menschen auch von Jesus zu erzählen.« Der Mandarin zuckte die Achseln. »Wenn die Leute zuhören wollen, wenn Sie von ihrer Religion erzählen, dann ist das deren Sache.«

Nachdem das Hoftor sich hinter dem Mandarin und seinen Beamten geschlossen hatte, lehnte Gladys sich dagegen und lachte schallend laut. Vor kurzer Zeit noch war sie voller Sorge gewesen, wie sie das Geld für die Steuern aufbringen sollte und wie sie missionieren konnte. Gott hatte ihren Weg geebnet!

 **Einfallsreichtum bedeutet, alle Möglichkeiten zu nutzen, um Gottes Werk zu tun.**

 *Siehe, ich wirke Neues! Jetzt sprosst es auf. Erkennt ihr es nicht? Ja ich lege durch die Wüste einen Weg, Ströme durch die Einöde (Jesaja 43,19).*

 1. Warum war Gladys Aylward so entmutigt in Bezug auf die Mission?
2. Als der Mandarin ihr eine Stelle im Staatsdienst anbot, wie plante Gladys da deren einfallsreiche Nutzung?
3. Welche Gelegenheiten fallen dir ein, bei denen Einfallsreichtum für Gottes Werk eingesetzt werden kann?

Tapferkeit
Der Mann mit der Axt

Jemand hämmerte wild ans Tor der *Herberge der Sechsten Glück-seligkeit*. »Gladys Aylward! Sie müssen sofort kommen!«

Gladys folgte dem Boten und hörte bald laute Schreie aus dem Innern des örtlichen Gefängnisses. Das hörte sich an wie ein Aufstand. Aber warum hatte der Mandarin ausgerechnet nach ihr geschickt? Verwirrt verbeugte sich die zierliche Engländerin vor dem Mandarin, der neben dem Gefängnisdirektor stand.

»Welch ein Glück, dass Sie da sind!«, sagte der Direktor und rang die Hände. »Sie müssen hineingehen und den Aufstand dort beenden!«

Gladys war schockiert. *Ich*? Warum schicken Sie nicht ihre Soldaten?«

»Unmöglich!«, rief der Mann. »Diese Gefangenen sind Mörder und Diebe! Die Soldaten würden bestimmt umgebracht werden!«

»Aber«, widersprach Gladys, »wenn *ich* da hinein gehe, werden sie *mich* umbringen.«

»Oh nein«, entgegnete der Direktor. »Sie erzählen unseren Landleuten, dass Gott in Ihnen lebt. Wenn Sie die Wahrheit sagen, wird Ihr Gott Sie sicherlich beschützen, wenn Sie das Gefängnis betreten.«

Gladys starrte die beiden Männer an. Machten sie sich über sie lustig? Aber nein, sie meinten es ernst. Sie erkannte plötzlich, dass sie ihren Missionsauftrag in China vergessen konnte, wenn sie nicht glaubte, dass Gott sie dort beschützen würde.

Sie schluckte hart. »In Ordnung«, sagte sie langsam, »öffnen Sie das Tor.«

Gladys hatte solche Angst, dass ihre Knie zitterten. Im Gefängnishof bot sich ihr ein schreckliches Bild. Die Gefangenen verfolgten sich gegenseitig mit Messern und brüllten wie Wahnsinnige. Tote und Verwundete lagen überall. Und – genau in ihre Richtung rannte ein riesiger Mann, der eine Axt über seinem Kopf schwang!

Gladys blieb vor Entsetzen wie angewurzelt stehen. Aber als der Mann nur noch wenige Meter von ihr entfernt war, blieb er plötzlich schlagartig stehen. Einer nach dem anderen hörten auch die übrigen Männer auf, zu rennen und zu schreien und sahen sie an. Wer war diese kleine Frau? Was wollte sie hier?

Mit einem Mal wurde Gladys wütend. Der Mann mit der Axt war nur ein großer Wichtigtuer. »Geben Sie mir die Axt!«, verlangte sie scharf und hielt die Hand auf.

Ohne ein Wort übergab der Mann ihr die Axt.

Gladys betrachtete die Gefangenen. Sie waren mit schmutzigen Lumpen gekleidet und so dünn, dass man die Rippen zählen konnte. Sie sahen erbärmlich aus. Gladys hatte plötzlich keine Angst mehr vor diesen Männern, sondern Mitleid mit ihnen. »Ich wurde vom Gefängnisdirektor hierher geschickt, um herauszufinden, warum Sie hier kämpfen.«

Zunächst völliges Schweigen – dann trat ein junger Häftling vor. »Ich heiße Feng«, sagte er. »Wir wissen eigentlich gar nicht, warum wir kämpfen ... aber wir sind hungrig und haben nichts zu tun, Tag für Tag.«

Gladys runzelte die Stirn. Diese Männer waren eingesperrt wie Tiere, ohne genug zu essen und ohne sinnvolle Beschäftigung. »Wenn Sie versprechen, dass Sie aufhören zu kämpfen, die Toten begraben und sich um die Verwundeten kümmern, werde ich für Sie mit dem Direktor sprechen«, bot sie an.

Die Häftlinge waren einverstanden. Als Gladys nach draußen trat, verbeugten sich die beiden Beamten respektvoll. Sie teilte dem Gefängnisdirektor mit, dass diese Männer Arbeit brauchten, so dass sie Geld verdienen konnten, um Lebensmittel zu kaufen und ihre Selbstachtung zu behalten. Sie, Gladys Aylward, würde dem Gefängnis jeden Tag einen Besuch abstatten, um sicherzustellen, dass alle notwendigen Maßnahmen getroffen würden!

 **Tapferkeit entspringt dem Wissen, dass Gottes Macht dir helfen kann, auch wenn du Angst hast.**

 *Denn Gott hat uns nicht einen Geist der Furchtsamkeit gegeben, sondern der Kraft und der Liebe und der Zucht (2. Tim. 1,7).*

1. Warum war Gladys einverstanden, ein Gefängnis voller aufgebrachter Häftlinge zu betreten?
2. Kann man ängstlich und mutig zur selben Zeit sein? Warum oder warum nicht?
3. Was ist der Unterschied zwischen einer »Mutprobe«, bei der man beweist, dass man keine Angst hat, und einer Aufgabe, die man nur mit Tapferkeit meistert, obwohl man eigentlich Angst hat?

Watchman Nee
Leiter der »Chinese House Church«-Bewegung

Die chinesische Mutter lag in der Nacht wach und lauschte den Schritten des Wachmannes, der seine Runden drehte. Lin Huo-ping wünschte sich sehnlichst ein Baby– einen kleinen Jungen. Die Familie Ni hatte schon zwei Töchter und in China bedeutet es Unehre für eine Familie, wenn sie keinen männlichen Nachkommen hat. »Oh Gott«, betete sie, »ich werde Dir dieses Kind wiedergeben, damit es Dir dienen kann, wenn Du mir nur einen Sohn schenkst.«

Als *Ni Shu-tsu* (»der, der die Verdienste seiner Ahnen erklärt«) am 4. November 1903 in Swatow, China, geboren wurde, feierte man ein großes Fest. (Später bekam er noch vier jüngere Brüder und zwei weitere Schwestern.) Getreu ihrem Versprechen, erzog Huo-ping dieses Kind zum Dienst für Gott. Aus dem Kind wurde ein junger Mann und er wünschte sich einen Namen, der den Sinn seines Lebens widerspiegelte: Gottes Wort zu verkünden und den Menschen Gottes Liebe nahe zu bringen.

Lin Huo-ping erzählte ihrem Sohn von der durchwachten Nacht, in der sie den Schritten des Wachmannes lauschte und von dem Versprechen, das sie Gott gegeben hatte. »Wie wäre es mit Ni To-sheng?«, schlug sie vor. »To-sheng bedeutet Wachmann.« Und so bekam Watchman Nee seinen Namen.

Watchman Nee wurde stark von den christlichen Missionaren beeinflusst, vor allen Dingen von Margaret Barber, einer

Engländerin. Was ihm jedoch Sorgen bereitete, war die Zer-
splitterung der Christen in verschiedene Gruppierungen – Presbyterianer, Christliche Allianz für Mission und so weiter. Watchman war der Ansicht, dass alle Christen in einer Stadt zu einer
einzigen wahren christlichen Gemeinde Jesu Christi gehören
sollten. Aufgrund dieser Lehre wurden viele Hauskreise gebil-
det, die sich »Kirchen-Versammlungen« nannten, völlig frei von
Verbindungen ins Ausland. Doch obwohl es Watchmans Be-
streben war, Einheit innerhalb der Kirche zu erreichen, verließen doch viele, die von diesen »Versammlungen« angespro-
chen wurden, andere Kirchen und so blieben Kritik und ent-
täuschte Gefühle nicht aus. Durch diese Bewegung wurden
jedoch viele kleine freie Kirchen gegründet. Gerade diese Kirchen bewahrten ein treues Glaubenszeugnis, auch nachdem
die Kommunisten alle Ausländer des Landes verwiesen hatten.

1952 wurde Watchman Nee von den Kommunisten verhaftet. Er wurde angeklagt, ein »Konterrevolutionär« zu sein, dessen falsche Lehren junge Menschen vom rechten Weg abbräch-
ten. Bis zu seinem Tod im Jahre 1972 blieb er in Haft. Aber viele
seiner Schriften, zum Beispiel *In Hingabe leben* geben den Christen in aller Welt auch heute noch sehr viel.

Vertrauen
Sag es nur Gott

Bist du sicher, dass es Gottes Wille für dich ist, von der Schule abzugehen und das Evangelium zu verkündigen?«, fragte die englische Missionarin den jungen Chinesen, der bei ihr zu Besuch war.

Watchman Nee nickte. Seit er sein Leben in die Hände Jesu Christi gelegt hatte, sah er selbst sein Leben anders. All die Dinge, die er auf der Universität lernte, hatten keine Bedeutung mehr für ihn. Er wollte nur noch eines: das Evangelium verkündigen. »Aber wenn ich nicht weiter zur Universität gehe, werde ich mein Stipendium verlieren«, gab er zu. »Ich weiß nicht, wie ich mich dann durchbringen soll.«

Miss Barber lächelte. »Ich habe mir um die finanzielle Seite auch Sorgen gemacht, als ich damals Missionarin wurde. Aber eine liebe christliche Freundin sagte mir: ›Wenn Gott dich schickt, dann trägt Er die Verantwortung.‹ Und Gott hat jedes Bedürfnis erfüllt.«

Watchman Nee behielt diese Worte im Herzen. »Wenn es Gottes Verantwortung ist, für mich zu sorgen«, sagte er sich, »dann muss ich anderen Menschen gar nichts von meinen Bedürfnissen erzählen: Gott kennt sie alle.«

Während Watchman Nee in seiner Heimatstadt Fu Chau predigte, erreichte ihn ein Brief von einem ehemaligen Klassenkameraden, der auch Christ war. »Bitte, komm nach Chien-O und predige auf einigen Evangelisationsveranstaltungen«, hieß es in dem Schreiben.

Watchman wurde sehr unruhig. Er wollte liebend gern dorthin reisen, aber Chien-O war hundertfünfzig Meilen flussaufwärts und der Fahrpreis für die Fähre dorthin betrug achtzig Dollar! Watchman zählte sein Geld: dreißig Dollar. »Aber, wenn Gott mich dorthin schickt, dann ist Er verantwortlich«, erinnerte er sich selbst.

Am Tag vor seiner Abreise hörte Watchman von einem Freund, der dringend etwas Geld benötigte. Gott schien ihm zu sagen, dass er diesem Freund helfen solle. Watchman schluckte trocken. Konnte er Gott zutrauen, für ihn zu sorgen, wenn er nun sein Geld mit einem anderen teilte? Er fühlte seinen Glauben plötzlich wanken, aber er schickte dem Freund zwanzig Dollar.

Als er sich am nächsten Morgen aufmachte und zum Dock an den Fluss ging, hatte er gerade noch zehn Dollar in der Tasche. »Ach, Herr«, betete er, »ich bitte Dich nicht um Geld. Nur um eine Möglichkeit nach Chien-O zu kommen.«

Auf dem Dock rief ihm der Besitzer eines kleinen Bootes zu: »Wohin willst du, nach Chien-O oder nach Yen-ping?«

»Chien-O«, rief Watchman zurück.

»Kannst mit mir fahren – nur sieben Dollar«, sagte der Mann, griff nach Watchmans Taschen und stellte sie in sein Boot. Voller Staunen hörte Watchman, dass jemand anders das Boot gemietet hatte, um einige Fracht nach Chien-O zu bringen, aber der Bootsmann hatte noch Platz für genau einen Passagier.

Watchman Nee predigte zwei Wochen lang in Chien-O mit nur einem Dollar und zwanzig Cents in der Tasche. Als er sich zur Abreise fertigmachte, fragte ihn einer der englischen Missionare: »Können wir Ihnen bei Ihren Auslagen behilflich sein? Sie haben so viel für uns getan.«

Mit seinen Münzen in der Tasche hatte Watchman keine Ahnung, wie er nach Hause kommen sollte. Aber er antwortete: »Nein, es besteht keine Notwendigkeit. Alles ist vollständig geregelt.«

Als er zum Dock unterwegs war, beschlich ihn aber doch

Sorge und Angst. »Ach Herr«, betete er, »Du hast mich hierher gebracht. Du wirst mich auch wieder zurückbringen müssen.«

Gerade in diesem Augenblick erreichte ihn ein Bote, der ihm eine Nachricht und etwas Geld brachte. Der dankbare Missionar hatte ihn geschickt. »Selbst wenn Sie jemanden haben, der für die Unkosten aufkommt«, stand in der Nachricht, »nehmen Sie doch bitte dieses Geschenk an und lassen Sie mich eine kleine Rolle spielen.«

Jetzt wusste Watchman, dass dies der Weg war, wie Gott seine Not linderte. Und dort war wieder dasselbe Boot, das ihn wieder nach Fu Chau zurückbringen wollte, für nur sieben Dollar!

 **Vertrauen auf Gott schließt ein, zu erkennen, wann Gott durch andere Menschen wirkt.**

 *In der jetzigen Zeit (diene) euer Überfluss dem Mangel jener, damit auch der Überfluss jener für euren Mangel diene, damit Gleichheit entstehe (2. Kor. 8,14).*

1. Warum verschenkte Watchman zwanzig Dollar, als er doch dringend Geld für seine Reise benötigte?
2. Warum nahm Watchman das Geschenk des Missionars an, als es ihm zum zweiten Mal angeboten wurde?
3. Wie denkst du über Watchmans Regel, nur Gott zu erzählen, was er brauchte?

Glaube
Regen zur Parade

Die Feierlichkeiten in dem chinesischen Dorf Meihua waren in vollem Gange. Familien machten zeremonielle Besuche und verbrannten Räucherwerk für ihre Ahnen. Die Männer lachten und spielten. Riesige Festgelage wurden vorbereitet und den Hausgöttern wurden Opfer dargebracht. Nachts erhellte Feuerwerk den Himmel.

Watchman Nee und sechs andere junge Prediger versuchten, die Frohe Botschaft von Jesus Christus an die Menge der lärmenden Festgesellschaft weiterzugeben. Sie verteilten sich über das ganze Dorf und predigten an Straßenecken. Einige wenige blieben stehen, um zuzuhören, aber die meisten hasteten vorbei. Am neunten Tag schließlich schrie Li Kuo-ching, der jüngste Prediger und ein Neuling im Glauben, frustriert in die Menge: »Was ist los? Warum wollt ihr nicht glauben?«

Ein Dorfbewohner zuckte die Achsel: »Warum sollten wir? Wir haben unseren eigenen Gott, Ta-wang (Großer König). Sein Festtag ist in zwei Tagen. Und seit 268 Jahren hat uns Ta-wang immer Sonnenschein geschickt an seinem Festtag. Er ist sehr zuverlässig.«

»Dann verspreche ich dir«, schrie Li, »dass unser Gott, der einzig wahre Gott, es an Ta-wangs Festtag regnen lassen wird!«

Mit einem Schlag waren die Dorfbewohner interessiert. Das war wie ein Spiel, ein Wettkampf. »Einverstanden!«, schrien sie. »Wenn es an Ta-wangs Festtag regnet, dann ist dein Jesus der richtige Gott. Dann werden wir dir zuhören, wenn du von Ihm erzählst!«

Die Nachricht von Lis Herausforderung breitete sich wie ein Lauffeuer im Dorf aus. Watchman Nee war entsetzt, als er davon hörte. Li war jung und unerfahren. Er hatte Gott in einer unwürdigen Weise auf den Prüfstand gestellt. Was geschah, wenn Gott entschied, es an dem betreffenden Tag nicht regnen zu lassen? Wenn es nicht regnen würde, hätten sie in Zukunft hier nicht einen einzigen Zuhörer mehr.

Aber als die jungen Männer am Abend predigten, spürte Watchman, wie Gott zu ihm sprach: »Wo ist der Gott des Elia?« Watchman erinnerte sich, wie der Prophet Elia die Baalspriester in ähnlicher Weise herausgefordert hatte. Sowohl die Baalspriester, als auch Elia hatten Altäre errichtet und Tiere geopfert. Elia goss sogar noch eimerweise Wasser über seinen Opferaltar. Aber nur Elias Gott, der wahre Gott, hatte Feuer geschickt, das den Altar vollständig verbrannte.

Jetzt waren alle sieben jungen Prediger gespannt. Sie waren ganz sicher, dass der Gott des Elia, den sie verkündigten, an Ta-wangs Festtag Regen schicken würde.

Als die kleine Gruppe am Morgen des Festtages erwachte, strahlte die Sonne durch die Fenster. Watchman fühlte sich gedrängt zu beten: »Ach Herr, bitte lass es regnen!«, aber die kleine Stimme sagte: »Wo ist der Gott des Elia?«

Also setzten die jungen Männer sich zum Frühstück hin, anstatt Gott anzuflehen. Als sie die Köpfe zum Dankgebet neigten, klatschten die ersten Regentropfen gegen die Scheibe. Als sie die erste Schale Reis geleert hatten, fiel der Regen dicht und dauerhaft. Bei der zweiten Reisschale war daraus ein Platzregen geworden.

Bei den ersten Regentropfen hatten einige der Dorfbewohner gesagt: »Jesus ist Gott! Ta-wang gibt es nicht mehr!« Aber Ta-wangs Priester bestanden darauf, die Statue ihres Götzen in einer Parade durchs Dorf zu tragen. Ganz bestimmt würde ihr Gott den Regen an seinem Festtag aufhören lassen! Aber in der Zwischenzeit waren die Straßen völlig überflutet und die Marschierenden stolperten und rutschten. Das Götzenbild fiel herunter, der Kiefer zerbrach und der linke Arm fiel ab.

Zu diesem Zeitpunkt fieberte das ganze Dorf den Predigten über Gott entgegen. Satans Macht zerbrach, als der Götze zu Boden stürzte.

 **Glaube ist das Wissen, dass unser Gott der wahre Gott ist.**

 *Aber der Herr ist in Wahrheit Gott. Er ist der lebendige Gott und ein ewiger König (Jer. 10,10).*

1. Warum war Watchman Nee bestürzt, als er von Lis Herausforderung an den Götzen hörte? Was änderte seine Einstellung?
2. Warum flehten die jungen Prediger Gott nicht um Regen an?
3. Was ist der Unterschied zwischen dem Versuch, Gott zu »testen« und dem wahren Glauben an seine Allmacht?

Gebet
Sieg im Krieg?

Der große schlanke Mann im abgetragenen blauen Anzug und mit verbeultem Filzhut wanderte durch die verlassenen Straßen von Shanghai und sein Herz schmerzte. 1940 war die ganze Welt in Kriege verwickelt und China machte keine Ausnahme. Die Japaner hatten die Chinesen 1937 angegriffen und kamen immer näher; sie eroberten eine Stadt nach der anderen. In Shanghai, einer Stadt, die früher reich und von pulsierendem Leben erfüllt gewesen war, gingen die Menschen nur noch vor die Haustür, wenn sie es unbedingt mussten. Aber Watchman Nee hatte das Herz eines Hirten und so besuchte er seine Glaubensgeschwister jeden Tag in ihren Häusern, um mit ihnen zu beten und zu sehen, ob an irgendetwas Not war.

»Ach, Pfarrer Nee«, rief ein Ehepaar während eines Besuches aus. »Wir preisen den Herrn, dass unser Geschäft verschont worden ist und wir nicht Not leiden müssen, wie so viele andere.«

»Hier stimmt etwas nicht«, dachte Watchman. »Wie können wir Gott preisen, dass wir nicht leiden müssen, wenn es so vielen um uns herum schlecht geht? Ist nicht auch Gottes Herz gebrochen? Sollten nicht unsere Herzen weinen mit denen, die leiden?«

In einer anderen Wohnung versammelte sich eine Gruppe von Gläubigen und betete darum, dass Gott den Krieg beenden und China den Sieg schenken möge. Das gab Watchman zu sehr denken. Die ganze Welt führte Krieg … aber gab es nicht auch Christen in Japan? In Deutschland? In Amerika? In Großbritannien? Beteten sie alle für sich selbst und gegen die

Feinde? Natürlich mussten Christen in Krisenzeiten beten! Aber wie sollen sie im Krieg beten?

Watchman versammelte alle im Ort ansässigen Christen und sagte: »Ich möchte euch nicht als Chinesen ansprechen, sondern als Männer und Frauen in Christus.« Dann hielt er eine geistliche Geschichtsstunde ab, über den Gebrauch, den Gott von Regierungen macht, zum Guten für Seine Leute. Er begann mit den persischen Königen, die die Hebräer gefangennahmen, als sie Gott ungehorsam waren und endete in der Gegenwart. »Gott hat kein besonderes Interesse an der Zukunft irgendeiner speziellen Nation«, sagte Watchman ernst, »sondern am Gehorsam der Seinen überall in der Welt.«

Die Leute rutschten nervös auf den harten Bänken herum. Was wollte Pfarrer Nee eigentlich sagen?

»In der Krise, die wir gerade durchleben«, fuhr Watchman fort, »können wir nur beten, aber wir müssen wissen, *wie* wir beten sollen. Wenn wir beten, muss es für britische, deutsche, japanische und chinesische Christen gleichermaßen möglich sein, zusammen niederzuknien und zu beten und gemeinsam Amen zu dem zu sagen, um was gebetet wurde. Wenn das nicht so ist, stimmt mit unserem Gebet etwas nicht.«

Die Menschen sahen sich gegenseitig an. Konnten sie mit Japanern zusammen niederknien – auch wenn es japanische *Christen* waren – und zusammen beten? War nicht die japanische Invasion in China schlichtweg *falsch*?

Als ob er ihre Gedanken gelesen hätte, sagte Watchman Nee: »Wir dürfen Gott natürlich sagen, was wir falsch finden an der Art, wie Japan sich verhält – aber wir müssen Gott auch bekennen, dass in China viele Christen und Missionare ein zu enges Verhältnis zur Regierung haben.«

»Was sollen wir denn dann beten?«, riefen die Menschen.

»Die Gemeinde muss über nationalen Fragen und Interessen stehen und sagen: ›Vater, wir bitten weder um einen Sieg für China, noch für Japan – sondern um das, was Deinen Sohn

Jesus Christus verherrlicht.«« Watchman hielt inne und sah um sich, in die Gesichter der Menschen, die ebenso wie er selbst Jesus Christus mehr liebten als das Leben. »Wenn die ganze Gemeinde rund um den Globus ein solches Gebet sprechen würde, wäre der Krieg bald in Gottes Weise beendet. Aber fangen wir hier bei uns an …«

Das rechte Gebet bittet um die Verherrlichung von Gottes Reich auf dieser Erde, nicht um Ehre für uns selbst oder unser Land.

Betet ihr nun so: Unser Vater, der (du bist) in den Himmeln, geheiligt werde dein Name; dein Reich komme; dein Wille geschehe, wie im Himmel so auch auf Erden! (Matt. 6,9+10).

1. Warum fühlte sich Watchman nicht wohl beim Gebet für einen Sieg von China oder Japan?
2. Wie passt Watchmans Aussage über das Beten mit dem Beispiel zusammen, das der Herr Jesus selbst uns in Matthäus 6 gegeben hat?
3. Sprich darüber, wie deine Familie für euer Land und die Welt in solchen Zeiten der Krise beten könnte.

Jim Elliot

Ein moderner Märtyrer für die Steinzeit-Indianer

Ein flüchtiger Betrachter in der Mitte des zwanzigsten Jahrhunderts hätte Jim Elliot sicherlich für einen normalen, netten, jungen amerikanischen Durchschnitts-Mann gehalten. Er sah gut aus, konnte kräftig anpacken, hatte gute Noten, war auf der Uni im Ringer-Team und hätte mit Leichtigkeit das verwirklichen können, was man den »amerikanischen Traum« nennt – erfolgreiche Karriere und Familie.

Aber Jim Elliot war alles andere als durchschnittlich.

Er wurde 1927 in Portland, im Staat Oregon in Amerika geboren. Mit sechs Jahren nahm er Jesus Christus als seinen persönlichen Heiland an. Er wuchs in einem tief religiösen, liebevollen Elternhaus auf und entwickelte einen Glauben, der fester Bestandteil seines täglichen Lebens war. Als er im Alter von achtzehn Jahren in Wheaton in Illinois am dortigen College sein Studium begann, hatte er einen brennenden Wunsch: Gott immer besser kennenzulernen und ihm mit seinem ganzen Leben zu dienen. Das bedeutete für Jim eine sehr hohe Wahrscheinlichkeit, dass er ein Leben im Dienst der Mission antreten würde.

Im Wheaton College traf er auch Elisabeth Howard, zögerte aber mit einem Heiratsantrag, bis Gott ihm gezeigt hatte, welche Richtung sein Leben nehmen und ob er heiraten oder ledig bleiben sollte. Nach dem Examen und einer »Wartezeit«

von zwei Jahren wusste Jim, wo Gott ihn haben wollte: in Ecuador, um dort die Bibel für die Indianerstämme zu übersetzen, die noch nie von Jesus Christus gehört hatten.

1952 segelte Jim nach Ecuador. Elisabeth folgte ihm 1953 und wurde seine Frau. Gott versammelte hier ein ganz besonderes Missionsteam. Darunter waren Ed McCully, Pete Fleming, Roger Youderian, der Pilot Nate Saint und deren Ehefrauen. Es hieß eine besondere Aufgabe zu erfüllen: die wilden Auca-Indianer, die immer noch wie in der Steinzeit lebten, mit dem Evangelium zu erreichen.

Aber innerhalb der wenigen Tage, in denen der erste persönliche Kontakt zu den Indianern hergestellt werden konnte, waren alle fünf Männer tot. Am 8. Januar 1956 gaben Jim und seine Freunde wirklich ihr Leben, um das Evangelium zu verkünden. Manche mögen dies eine Tragödie nennen, eine Verschwendung – doch ihr Tod war ausgestreuter Samen und hat vielfältige, ewige Frucht gebracht.

Freude

Ein Kindheitstraum

J im Elliot kniff die Augen zu kleinen Schlitzen zusammen, um
die Zeichnung in dem riesigen Lexikon besser erkennen zu
können. »Klüver ... Focksegel ... Großsegel ...«, murmelte er vor
sich hin, um sich die verschiedenen Segel gut einzuprägen.

»Findest du das, wonach du suchst?«, fragte die Schulbiblio-
thekarin, die ihm über die Schulter sah.

Jim bekam einen roten Kopf. »Ja, danke«, antwortete er und
hoffte im Stillen, dass sie nun das Interesse verlieren und wei-
tergehen würde. Als die Frau weiterging, schloss Jim seine
Augen und ließ seinen Traum wieder in seinen Kopf zurückkehren. Die Grundschule in Portland, Oregon, verschwand und
er stand auf dem Deck eines großen Windjammers und beobachtete die großen Segel über seinem Kopf, die vom Ozean-
wind gebläht wurden. Der Junge stellte sich vor, Matrose zu
sein, fachmännisch die Taue der Segel zu straffen und dann
am Ruder, diesem großen hölzernen Rad, den Kurs des Schiffes zu lenken ...

Vierzehn Jahre später, am 4. Februar 1952, sahen der vier-
undzwanzigjährige Jim Elliot und sein Freund Pete Fleming
von Bord der *Santa Juana* aus zu, wie die über zwanzig Zentner
ihrer Vorräte und ihres Gepäckes auf das Frachtschiff verladen
wurden. Unter ihm an Dock standen seine Eltern, nun doch
ein wenig wehmütig und winkten ihm mit Tränen in den Augen zum Abschied. Aber alles, was Jim empfand, war gespann-
te Erwartung. Pete und er waren auf dem Weg nach Südamerika – endlich!

In den Jahren, die zwischen dem Kindheitstraum und seiner Reise auf der *Santa Juana* lagen, war viel geschehen. Jim hatte die Schule beendet und war dann auf das Wheaton College in Wheaton, Illinois, gegangen. Je mehr Jim sich in seine Bibel vertiefte, umso mehr hatte er den Wusch, Gott mit seinem ganzen Leben zu dienen und Ihn immer besser kennen zu lernen.

Aber was war Gottes Aufgabe für ihn? Was war Gottes Wille für Jim Elliot? Jim kam immer mehr zu der Überzeugung, dass für ihn der Dienst für Gott darin bestand, das Evangelium zu Menschen zu bringen, die noch nie von Jesus Christus gehört hatten. Aber auch nach seinem Abschluss auf dem College hatte Gott ihm noch nicht gezeigt, welches Land oder *welche* Menschen. Also betete er ... und wartete.

Und dann hörte er von den Quichua-Menschen in Ecuador und dem Bedarf an Missionaren, um die Sprache der Quichua in die Schriftform zu bringen, damit diese Menschen Gottes Wort in ihrer eigenen Sprache bekommen konnten. Jetzt wusste Jim, was Gottes Aufgabe für ihn war – das Evangelium zu den bisher unerreichten Stämmen Südamerikas zu bringen.

Jim stand an Deck der *Santa Juana* und sah dem Untergang der Wintersonne zu, die im Pazifischen Ozean versank. Der erste Tag auf See lag hinter ihnen. Pete ächzte ein wenig und klopfte auf seinen Bauch. »Ob wir die ganze Strecke bis nach Ecuador solche Mahlzeiten bekommen?«, beschwerte er sich scherzhaft. »Was für eine Mahlzeit! Kabeljau, Kartoffelgratin, frischer Salat, guter Kaffee ...«

Jim lächelte, aber er dachte nicht an das Essen. »Als ich ein kleiner Junge war«, sagte er zu Pete, »träumte ich davon, zur See zu fahren. Und jetzt bin ich hier an Bord eines Schiffes – als Passagier, nicht als Matrose – aber ganz egal, es ist aufregend. Ich hatte keine Ahnung, dass Gott mir ein Stückchen von meinem Traum verwirklichen würde, wenn ich Seinem Willen folge.«

In seinem Inneren platzte Jim fast vor lauter Freude. Aber worüber freute er sich so sehr? Darüber, dass sein Kindheitstraum von der Seefahrt sich erfüllte? Nein, Jim spürte, dass seine Freude viel größer und tiefer war als das. Er setzte sich in seine Kabine und schrieb seinen Eltern, was er empfand: »… die reine Freude, ganz eins mit Gottes Willen zu sein und das Wissen um Seine Leitung in meinem Leben.«

 **Freude kommt, wenn wir Gottes Willen erkennen und danach handeln.**

 *Du wirst mir kundtun den Weg des Lebens; Fülle von Freuden ist vor deinem Angesicht, Lieblichkeiten in deiner Rechten immerdar (Ps. 16,11).*

 1. Wovon träumte Jim Elliot, als er ein kleiner Junge war? Was wollte er werden, als er später aufs College ging?
2. Was bereitete Jim die größte Freude?
3. Wie fühlst du dich, wenn du Gottes Willen erkennst und dann danach handelst?

Geduld
Operation Auca

Don Carlos schüttelte den Kopf und sah seinen Besucher an. »Sie möchten wissen, wie die Auca-Indianer sind? Wilde Steinzeitmenschen, Mörder, das sind sie! Wenn ich Sie wäre, Señor Elliot, würde ich so weit wie möglich von ihnen wegbleiben. Wenn Sie mir nicht glauben wollen, sprechen Sie doch einmal mit Dayuma, der Auca-Frau, die für mich arbeitet. Sie ist vor ein paar Jahren aus dem Stamm geflohen.«

Jim Elliot sah den reichen Farmer gedankenverloren an. Er wagte nicht, Don Carlos zu sagen, dass er und vier andere Missionare planten, mit den Aucas Kontakt aufzunehmen und dass sie hofften, deren Freundschaft zu gewinnen. Es war eine verrückte Idee – jeder sagte, dass es unmöglich sein würde. Aber Jim und die anderen hatten ein geheimes Ziel: den Aucas das Evangelium in ihrer eigenen Sprache zu bringen.

Auf Jims Bitten hin brachte Dayuma den jungen Missionaren einige oft gebrauchte Worte und Sätze in der Auca-Sprache bei. »Aber«, warnte sie, »vertrauen Sie ihnen niemals. Es mag eine Zeitlang so aussehen, als wären sie Ihnen freundlich gesonnen, aber sie werden nicht kurzerhand aufhören zu töten.«

Als Jim den anderen mitteilte, was Dayuma gesagt hatte, nickten sie nur ohne erkennbare Regung. Es mag eine Versuchung gewesen sein, ihr Vorhaben sofort aufzugeben, aber Pete Fleming sprach den Gedanken aus, der sie alle weitermachen ließ: »Wilde Mörder, die noch in der Steinzeit leben und die noch nie von Jesus Christus gehört haben, brauchen die Botschaft von Gottes erlösender Liebe mehr als viele andere.«

Im September 1955 hatten Nate Saint und Ed McCully, zwei der Missionare, während eines Fluges von Nates Flugzeug aus ein Auca-Dorf ausgemacht. »Nach allem, was wir über die Aucas wissen, ist es zu gefährlich, einfach in ihr Dorf zu gehen«, sagte Nate. »Schauen wir uns das Ganze einmal ganz genau aus der Luft an. Dann können wir langsam versuchen, ihre Freundschaft zu gewinnen.«

Die anderen stimmten zu. »Aber«, warnte Jim zur Erinnerung, »wenn irgendwelche Außenseiter oder Zeitungsleute von der Sache Wind bekommen, kann es passieren, dass Neugierige auftauchen. Das könnte die Aucas verjagen oder Menschen das Leben kosten. Wir müssen behutsam vorgehen und unseren Plan absolut geheimhalten.«

Weitere Flüge über das Gebiet brachten weitere Auca-Siedlungen zum Vorschein. Das erste Mal, als Nate ganz tief über die größte Siedlung flog, die von den Missionaren scherzhaft »Endstation« genannt wurde, flohen die Indianer in heller Aufregung. Aber dann ließen die Missionare an Seilen Geschenke hinab: Macheten, T-Shirts, Stoffe, sogar Fotos von den fünf Missionaren. Später sahen sie begeistert, dass einige Indianer dem Flugzeug winkten und andere ihre Geschenke anhatten.

Nate flog so tief, wie er konnte und die anderen beugten sich aus dem Flugzeug und riefen in der Auca-Sprache: »Ich mag euch! Ich bin euer Freund!« Dann passierte etwas Aufregendes. Als Nate langsam seine Schleifen über der Auca-Siedlung flog, nachdem man das Seil hinuntergeworfen hatte, banden die Aucas ihrerseits Geschenke daran fest: Kopfschmuck aus farbenprächtigen Federn und sogar einen zahmen Papageien.

Drei Monate vergingen, während die fünf Missionare versuchten, die Aucas an das kleine gelbe Flugzeug zu gewöhnen, das über ihren Dörfern kreiste. Schließlich war es Dezember geworden und Jim Elliot, Nate Saint, Ed McCully, Pete Fleming und Roger Youderian wollten die nächsten Schritte der

Operation Auca festlegen. Sie fassten einen wichtigen Entschluss. Es war nun an der Zeit, die gefährlichen Aucas von Angesicht zu Angesicht kennen zu lernen. Schließlich wollten sie ihnen die Gute Nachricht von Jesus Christus sagen – und die Aucas persönlich kennen zu lernen, war der einzige Weg.

 **Geduld bedeutet, bereitwillig zu warten oder vorsichtig vorzugehen, um das angestrebte Ziel zu erreichen.**

 *Besser das Ende einer Sache als ihr Anfang, besser langmütig als hochmütig (Pred. 7,8).*

 1. Warum war es so wichtig, die Operation Auca vor der übrigen Welt geheimzuhalten?
2. Warum war es wichtig geduldig, behutsam und langsam vorzugehen?
3. Erzähle von einem Ziel, bei dem du Geduld haben musst, um es zu erreichen.

Opfer
»Wir haben Kontakt«

Elisabeth Elliot war in Sorge. »Bist du sicher, das jetzt der richtige Zeitpunkt ist, um die Aucas kennen zu lernen?«, fragte sie Jim. »Was wird aus der angefangenen Arbeit bei den Quichuas?« Unausgesprochen blieb die Angst, die alle Missionarsfrauen teilten: Was, wenn ihre Männer nicht wiederkamen?

Jim Elliot kannte die wahre Frage hinter den Zweifeln seiner Frau. Er wusste genau, dass er und die anderen ein immenses Wagnis eingingen. Aber die indianischen Christen, die sie schon unterrichtet hatten, konnten die Arbeit in Shandia unter den Quichuas fortsetzen. »Ich bin gerufen worden!«, war seine Antwort.

Die Pläne für das persönliche Zusammentreffen mit den Aucas wurden sorgsam Schritt für Schritt ausgearbeitet. Zuerst würden die fünf Missionare auf einem Streifen Strand landen, der dem größten Auca-Dorf »Endstation« am nächsten lag. Dann würden die Männer ein Baumhaus bauen, zum Schutz vor wilden Tieren. Sie würden einige Tage warten, damit sich die Aucas vor ihrem ersten Versuch, Kontakt aufzunehmen, an ihre Anwesenheit gewöhnen konnten.

Am Dienstag, dem 5. Januar 1956, flog Nate Saint fünfmal hin und her, ehe alle fünf Männer und die benötigten Vorräte an Ort und Stelle waren. Start und Landung auf dem schlüpfrigen Strand waren schwierig, aber das größte Problem stellten die fliegenden Insekten dar. Die Männer blieben jeden Tag mit ihren Frauen in Kontakt. Entweder funkten sie über Kurzwellenradio oder sie gaben Nate Briefe mit, die er per Flugzeug beförderte. Nach ein paar Tagen Camping am Strand begannen die Männer Auca-Willkommensgrüße über den Fluss zu rufen. Ganz sicher wurden sie von den Indianern gehört und beobachtet. Aber würden sie kommen?

Am Freitag wurden die Männer schließlich belohnt. Ein Auca-Mann erschien mit zwei Frauen am Ufer gegenüber. Jim Elliot watete ins Wasser, wobei er alle Auca-Sätze, die er kannte, einsetzte, um sie sicher durch den Fluss zu leiten. Es war ein aufregender Tag. Die Missionare machten Fotos von ihrem Besuch und unternahmen mit dem Mann, den sie »George« nannten, mit dem Flugzeug sogar einen Rundflug über sein Dorf.

Samstags flogen Nate und Pete zurück zum Basislager, um Vorräte zu holen und die Neuigkeiten dort zu berichten. Sie landeten am Sonntagmorgen wieder am Fluss. Nach dem Aufsetzen gab Nate einen Funkspruch an seine Frau durch: »Betet für uns! Wir haben heute sicher wieder Kontakt! Wir melden uns wieder um sechzehn Uhr dreißig.«

Elisabeth Elliot und die anderen Frauen versammelten sich aufgeregt um den Radioapparat. Sechzehn Uhr dreißig kam; es wurde siebzehn Uhr. Nichts. Als sie bis Montagmorgen immer noch nichts von den Männern gehört hatten, wussten sie, dass etwas nicht in Ordnung war. Ein Suchtrupp machte sich auf den Weg zu dem Camp am Flussufer. Im Fluss wurden fünf Leichen gefunden. Die Männer waren von Auca-Speeren getötet worden.

Die tragische Geschichte erschien bald in allen Zeitungen rund um den Erdball. Manche Menschen dachten, die fünf seien dumm gewesen, mit einem wilden Indianerstamm Freundschaft schließen zu wollen. »Verschwendetes Leben!«, sagten sie. Aber Hunderte von jungen Menschen überall auf der Welt waren begeistert und wurden angesteckt von der Hingabe, die Jim Elliot und die anderen gelebt hatten. Sie meldeten sich freiwillig als Missionare, um deren Platz einzunehmen. Schließlich lebten Rachel Saint, Nates Schwester und Elisabeth Elliot mitten unter denselben Aucas, die ihre Männer getötet hatten. Die Frauen lernten die Sprache und übersetzten die Bibel für diesen Indianerstamm.

Verschwendung? Jim Elliot würde das nicht sagen. Er wusste, dass Christen manchmal von Gott berufen sind, »in die Erde zu fallen und zu sterben« wie Samenkörner, so dass vielfältige Frucht entsteht (vgl. Johannes 12,24).

 **Ein Gott wohlgefälliges Opfer ist die Bereitschaft zu leben – oder zu sterben – für die Sache Christi.**

 *Ich ermahne euch nun, Brüder, durch die Erbarmungen Gottes, eure Leiber darzustellen als ein lebendiges, heiliges, Gott wohlgefälliges Opfer, was euer vernünftiger Gottesdienst ist (Röm. 12,1).*

1. Was meinte Jim Elliot wohl, als er seiner Frau antwortete: »Ich wurde gerufen?«
2. Was sind einige der guten Dinge, die durch den Tod dieser Missionare bewirkt wurden?
3. Mit dem Begriff des »Opfers« ist (jedenfalls für gewöhnlich) nicht immer der Tod gemeint. Wo könnte es Gottes Wille für dich sein, aufopfernd für Ihn zu leben?

Liste der Charaktereigenschaften

Aufopfernde Liebe

Das Schiff im Eis (Menno Simons)

Ausharren

Das Buch im Kopfkissen (Adoniram und Ann Judson)
Der Pfarrer, den keiner wollte (John Newton)

Barmherzigkeit

»Kinderfangende Missie Ammal« (Amy Carmichael)

Beharrlichkeit

Das unmögliche Rennen (Eric Liddell)

Dankbarkeit

Angriff eines Löwen (David Livingstone)

Demut

»Kennen Sie Señor Jesús?« (Cameron Townsend)
»Livingstones Kinder« (David Livingstone)

Dienstbereitschaft

Schmutzige Arbeit für Gott (Amy Carmichael)

Disziplin

»Der Heilige Club« (John Wesley)

Ehrlichkeit

Die goldene Münze (David Zeisberger)

Einfallsreichtum

Der offizielle Fuß-Inspektor (Gladys Aylward)
Der Gefängnisprediger (John Bunyan)

Erbarmen

»Lauf, Mama! Lauf!« (Mary Slessor)

Fairness

Der fliegende Schotte (Eric Liddell)

Freigebigkeit

Sechs lausige Hemden (Florence Nightingale)
Die Zähmung des Geldungeheuers (John Wesley)

Freude

Ein Kindheitstraum (Jim Elliot)

Freundschaft

Adoptiert vom Schildkröten-Clan (David Zeisberger)

Friedensstifter

Im Weg stehen (Mary Slessor)

Gebet

Sieg im Krieg? (Watchman Nee)

Geduld

»Verbrennt die Bücher!« (William Tyndale)
Ausgesperrt (Florence Nightingale)
Operation Auca (Jim Elliot)

Gehorsam

Das Evangelium im Biergarten (Cameron Townsend)
Warum sind Sie nicht früher gekommen? (Hudson Taylor)

Geradlinigkeit

Ein »Gesetzloser« für den Herrn (Menno Simons)

Glaube

Regen zur Parade (Watchman Nee)
Das schnellste Boot heim (Hudson Taylor)
Frühstück vom Himmel (Georg Müller)
Ein falscher Freund Geduld – »Verbrennt die Bücher!«
(William Tyndale)

Güte

Armer alter Cap (Florence Nightingale)
Das unwillkommene Geschenk (Georg Müller)

Hingabe

»Doktor Livingstone, nehme ich an.« (David Livingstone)

Kühnheit

Die Nacht, als Chicago brannte (Dwight L. Moody)
Faule Eier und kühne Worte (John Wesley)

Mut

Die Herausforderung (Mary Slessor)
Die Möglichkeit zur Flucht ausschlagen (John Bunyan)

Opfer

»Wir haben Kontakt« (Jim Elliot)

Opferbereitschaft

Die besten von allen Juwelen (Amy Carmichael)

Reue

Viel besser als Schuhe verkaufen! (Dwight L. Moody)

Schicksal

Zu einem Zweck bewahrt (John Newton)

Stärke

»Das Schiff sinkt!« (Dwight L. Moody)

Tapferkeit

Der Mann mit der Axt (Gladys Aylward)

Treue

100 Goldmünzen Belohnung (Menno Simons)

Unbestechlichkeit

»Ich kann nicht laufen.« (Eric Liddell)

Vergebung

Friedensvertrags-Feierlichkeiten (Adoniram und Ann Judson)

Vertrauen

Mary in Jesu Hand zurücklassen (John Bunyan)
Der böse Plan (Hudson Taylor)
Sag es nur Gott (Watchman Nee)
Nicht gut genug (Gladys Aylward)
Massaker in Schönbrunn (David Zeisberger)
Wird der Kessel explodieren? (Georg Müller)

Wahrhaftigkeit

Ein Ort des Austausches (Adoniram und Ann Judson)

Weisheit

Erste Bekanntschaft mit dem »Haupthoncho«
(Cameron Townsend)

Weitblick

Die Herausforderung durch den Jungen am Pflug
(William Tyndale)

Wiedergutmachung

Der Fremde mit dem dicken Mantel (John Newton)

Josh & Dottie McDowell

Katrins Abenteuer am Blaubeersee

Bildband

12,80 DM
ISBN 3-89397-334-6

Katrin spielt sehr gern am Blaubeersee.
Aber warum bestehen die Eltern dar-
auf, dass sie nur zusammen mit einem
Erwachsenen zum See gehen darf?

Katrin lernt, dass Mama und Papa gute
Gründe haben, wenn sie Regeln auf-
stellen und dass es Regeln gibt, weil
Mama und Papa (und Gott) ihre Katrin
lieb haben.

Diese farbig illustrierte Geschichte ist
eine Einladung, Kindern die Familien-
regeln nahe zu bringen. Auf der letzten Seite finden Eltern Vorschläge für
vertiefende Gespräche.